IVAR NILSSONS BJÖRKE

Lars Erik Westlund

IVAR NILSSONS BJÖRKE

Om Ivarsbjörke i Sunne socken och dess gren av
den värmländska frälsesläkten Bratt

Omslagets baksida:
Ivar Nilssons och Olof Björnssons bytesbrev, daterat Björke 29 december 1509.
Pergamentsbrevsamlingen, Riksarkivet (SDHK nr 36620). Foto: Riksarkivet.

© Lars Erik Westlund 2023
Förlag: BoD – Books on Demand, Stockholm, Sverige
Tryck: BoD – Books on Demand, Norderstedt, Tyskland
ISBN: 978-91-7969-316-9

Innehåll

Ivar Nilssons förvärv av Björke 1509

År 1509 företog väpnaren Ivar Nilsson (Bratt) ett godsbyte med fogden i Värmland Olof Björnsson (halvmåne).[1] Ivar Nilsson avstod hemmanen Larberg, Rud och Skagene i Hammarö socken och mottog i deras ställe hemmanet Björke i Sunne socken. Bytesbrevet är daterat Björke femte dag jul, 29 december, 1509 och är, i fråga om Olof Björnssons exemplar, beseglat av Ivar Nilsson samt lagmannen i Värmland Nils Olofsson (Vinge), Nils Klasson (Stolaätten) och Lindorm Brunsson (Forstenasläkten).[2] De båda sistnämnda var västgötska frälsemän och även den Värmlandsbördige Nils Olofsson (Vinge) var sedan seklets början bosatt i Västergötland till följd av giftermål. Olof Björnssons exemplar av brevet föreligger i original i Riksarkivet. Det tillhör gruppen av s.k. miscellanea-brev, som består av bl.a. handlingar som har ingått i privatarkiv, vilka under Karl IX:s regim togs i beslag från oppositionella adelsmän.[3] Antagligen förklaras bytesbrevets nuvarande förvar därmed av att ett av Hammarögodsen, Larberg, i ett skede ägdes av Hogenskild Bielke (†

---

[1] Olof Björnsson benämns antingen utan släkttillhörighet (se bl.a. Nilsson 1997) eller med angivande av hans sköldemärke, Olof Björnsson (halvmåne) (se bl.a. Liedgren 1959, s. 19 ff.). I DMS 7 kallas han däremot nästan genomgående "Olof Björnsson (råbock)", och samma namn förekommer även i SDHK men endast för det här aktuella brevet (SDHK nr 36620). Tydligen bygger denna namnform på Schlegel & Klingspor 1875, s. 9, där det hävdas att Olof Björnsson skall ha varit son till en viss Björn Anundsson (eller Asmundsson), som i sitt vapen förde "pilskjutne råbocken i solene". Uppgiften återgår emellertid på dubiösa aktstycken härrörande från Nils Rabenius († 1717), ökänd som förfalskare av historiska dokument, härom se Ahnlund 1927, s. 47–52 och Liedgren 1950, s. 241. Den kan därmed inte tillmätas något värde. Rabenius gjorde f.ö. Olof Björnsson (i dennes egenskap av fogde på Stockholms slott) till en av sina egna förfäder men då som bärare av det av Rabenius själv konstruerade adliga namnet "Rabbe" (om andra exempel på R:s inkonsekvenser, se Ahnlund 1927, s. 117 f.).

[2] SDHK nr 36620. Jfr Nilsson 1997, s. 172. En sentida brevregest i vilken föreges att bytet skulle ha ägt rum 1405 (!) (ibid., s. 166 f.) är givetvis feldaterad.

[3] Om de s.k. miscellanea-breven, se bl.a. Fritz 2009, s. [10] f.

1605),[4] en av de rådsherrar som fick plikta med livet för sin hållning gentemot Karl IX och vilkas gods och arkiv konfiskerades.[5]

Ivar Nilssons exemplar av bytesbrevet är numera förkommet. Brevet tycks ha funnits kvar i Ivarsbjörke 1770 då Erik Fernow gjorde en regest (sammanfattning) av det till sin handskrift Archivum Wermelandicum, men en annan möjlighet – brevet verkar inte ha varit tillgängligt vid de nedannämnda rättegångarna 1634, 1655, 1656 och 1726 – är att Fernow i denna del i stället byggde på ett äldre referat, hämtat från det nedan anförda fastebrevet från 1515. Enligt Fernows kortfattade notis var brevet beseglat av Nils Olofsson (Vinge) men därutöver av andra personer än dem som har bevittnat Olof Björnssons exemplar, nämligen de värmländska frälsemännen Torbjörn Ottesson (fågel), Knut Knutsson (Roos af Hjelmsäter) och Herlig Persson.[6] Brevets båda exemplar skilde sig tydligen åt på denna punkt. Enligt ett referat i domboken för Fryksdals härad 1726 följde med förvärvet av Björke 1509 även bl.a. torpet Ulvsbjörke, "Tinneskogen" och skogen "Boan" ("Boon") (härom se närmare nedan).

Ivar Nilsson var son till väpnaren Nils Bratt och hans hustru Margit (eller Margareta)[7] Ivarsdotter (Liljeörn). Av ett i avskrift bevarat morgongåvobrev, daterat och stadfäst i Tingvalla 29 juni 1480, d.v.s. dagen för landstinget med den värmländska lagsagan, framgår att bröllopet mellan Nils Bratt och hans hustru hade stått i Borgvik och att morgongåvan, som bestod av hemmanet Gruvön i Grums socken, i enlighet med lagens föreskrifter hade givits på hinderdagen (dagen efter bröllopsnatten), vilket skett i närvaro av prästerna herr Jon i Gillberga, herr Vilkin i Arvika och herr Lars i Sunne samt Per Knagh, som var fogde i Värmland.[8] Exempel finns

---

[4] Frälse- och rusttjänstlängder –1632, 22, Östersysslet 1587, fol. 8 v., RA. Det är dock ovisst om Hogenskild Bielke innehade Larberg ännu vid tiden för indragningen av hans gods. Det hade tidigare ägts av hans mor, Anna Klemetsdotter (Hogenskild) (Frälse- och rusttjänstlängder –1632, 3, Östersysslet 1562, fol. 19 v., RA; Frälse- och rusttjänstlängder –1632, 22, Östersysslet 1576, pag. 9, RA). Åtminstone fr.o.m. 1617 innehades Larberg av Bo Ribbing (VH 1617:8, jb, fol. 81 r., RA). Rud och Skagene ägdes 1562 däremot av Åke Haraldsson (Soop) och därefter (ännu 1617) av dennes son Hans Åkesson (Soop) (Frälse- och rusttjänstlängder –1632, 3, Östersysslet 1562, fol. 19 v., RA; VH 1617:8, jb, fol. 81 r., RA). Från en senare ägare av Olof Björnssons exemplar av bytesbrevet än han själv härrör en påteckning på brevets baksida: "Om godz i Vermeland Rud och Lagerberg po Hamerön oc skauern [?]". Anteckningen torde härröra från 1500-talets senare hälft eller början av 1600-talet.

[5] Härom se Walde 1921, s. 261–263.

[6] KSLB, AW 2, pag. 431, FAV.

[7] Jfr nedan not 16.

[8] SDHK nr 30743. Original saknas. Avskrift i KSLB, AW 2, pag. 444 f., FAV. Se även Fernow 1773–79, s. 263 med not l (Fernow 1977, 1, s. 97 med not 355); Nilsson 1997, s. 148. I Fernows avskrift står, antagligen på grund av felläsning, att morgongåvan gavs på kontrahenternas "Hedersdagh" (= bröllopsdag, jfr *SAOB*, hedersdag) i stället för hinderdag.

på att morgongåvobrev har utfärdats lång tid efter det att äktenskapet ingåtts,[9] och en viss diskrepans föreligger väl även i detta fall, men brevet ger ingen antydan om att någon längre tid skulle ha förflutit mellan giftermålet och morgongåvans stadfästelse på tinget. Sannolikt hade bröllopet stått samma år.

Som har antagits bör Ivar Nilssons far Nils Bratt ha varit en son till och inte identisk med den Nils Bratt, som adlades och erhöll sköldebrev av kung Karl Knutsson 28 december 1456[10] och som då för en tid, åtminstone fr.o.m. 1454, var kungens fogde i Värmland.[11] I sköldebrevet, utfärdat under kungens vistelse under några dagar på Örebro slott, hänvisas till den välvilliga tjänst som Nils Bratt hittills gjort "oss" och Sveriges rike och "häreffter troliga giöra och bewijsa will och skall", men inte långt därefter fördrevs Karl Knutsson för första gången från den svenska kungatronen (februari 1457) och under efterträdaren Kristian I:s styre kom inte Nils Bratt att inneha något offentligt uppdrag. Denne äldre Nils Bratt, som tidigast i stället kallas Nils Brattason,[12] omnämns redan 1438[13] och måste därmed ha varit i minst 60-årsåldern då morgongåvobrevet stadfästes 1480. Det är möjligt att han var död redan 1468: på landstinget i Tingvalla "vpa lagberghet" 6 oktober detta år tilltalades Håkan Tordsson av ett ombud för abbedissan i Riseberga kloster rörande hemmanet Småris i Nedre Ulleruds socken, vilket han "j weriæ haffde" på Nils Bratts vägnar och som på tinget tilldömdes klostret såsom dess rättmätiga egendom.[14] Håkan Tordsson var sannolikt identisk med den man med detta namn som enligt ett brev från 1469 var gift med en kvinna av släkten Bratt vid namn Margareta (se nedan), och förhållandet att han i det här aktuella målet innehade Småris på Nils Bratts vägnar kan innebära att denne 1468 ännu var omyndig och därmed var Nils Bratt den yngre.[15]

---

[9] Se t.ex. Liedgren 1959, s. 18 f.; Anthoni 1965, s. 210.

[10] SDHK nr 26924; Wiktorsson 1989, s. 310, 311, 314. Original saknas. I SDHK och av Wiktorsson åberopas en avskrift i Uppsala universitetsbibliotek (i handskriften X 86). En annan avskrift av sköldebrevet (här citerad) ingår i Sköldebrevsavskrifter, 9, nr 14, RHA, företagen efter "det här uti Riddarhuset wid Riksdagen åhr 1731 upwijste Original Diplomate". Brevet saknar beskrivning av vapenbilden (blasonering); däremot hänvisas till "thet wapen som häruti Wårt öpne bref uptecknat är", men denna avbildning har inte medtagits i avskrifterna.

[11] SDHK nr 26489. Se även Nilsson 1997, s. 122 f.

[12] Han benämns ibland på detta sätt även senare. I ett köpebrev 11/11 1457 kallas han både "Nielz Brattha son" och "Nilz Brath" (SDHK nr 27094; brevet tryckt in extenso i Nilsson 1997, s. 126 f.).

[13] SDHK nr 23013. Se även Nilsson 1997, s. 105.

[14] SDHK nr 28880. Brevet återgivet in extenso i Nilsson 1997, s. 137. Riseberga kloster hade 24/6 1456 fått Småris i själagåva av Katarina Bengtsdotter för henne själv och hennes avlidne make, Sigge Trut, som hade valt detta kloster som sin lägerstad och där hon själv skulle begravas (SDHK nr 26870; Nilsson 1997, s. 125 f.).

[15] Norlin 1973, s. 328. Jfr Nilsson 1997, s. 148. Om Norlins artikel i övrigt, se nedan.

Ingenting är känt om Nils Bratt och hans hustru efter 1480. Margit Ivarsdotter var antagligen död 1509 då hennes söner Ivar och Per Nilssöner sålde gods som de ärvt efter hennes brorson och sin kusin Ivar Jönsson (Liljeörn) (se nedan). Av en uppgift i Elgenstiernas ättartavlor (1931) skulle man kunna förledas tro att hon i ett senare äktenskap var gift med den västgötske väpnaren Nils Posse († 1492 eller 1493). Där uppges att dennes hustru i hans andra gifte (senast 1491), Margareta Ivarsdotter,[16] var dotter till "Ivar Jönsson (vingat svärd)",[17] vilket, som nedan skall beröras, är en i äldre genealogier använd benämning på den yngre Nils Bratts svärfar Ivar Jönsson (Liljeörn), bl.a. just hos Elgenstierna.[18] För en tidig genealog som Rasmus Ludvigsson tycks denna Margareta Ivarsdotters härstamning ha varit obekant medan den betydligt senare Gabriel Anrep (som byggde på flera föregångare) inte ens kände till hennes existens,[19] och Elgenstiernas härledning visar sig vara endast en gissning. Av en dansk källa i form av släktanteckningar från 1500-talet framgår nämligen att hon i själva verket var dotter till den danske frälsemannen Iver Juel och hans hustru Karen Vesteni.[20] Hon var således inte identisk med Nils Bratts hustru.

En gren av Nils Bratts släkt lyckades behålla sin frälsestatus intill dess att rusttjänst inte längre var ett krav för adelskap, vilket kunde hävdas särskilt ännu under Gustav Vasas och Erik XIV:s regeringar. Med adelsprivilegierna som den nykrönte Johan III utfärdade 1569 följde däremot möjligheten för den fattige frälsemannen att behålla sin ståndstillhörighet mot att han avyttrade sin jord till sina närmaste släktingar, ett led i tillskapandet av en bördsadel. Vid riddarhusets inrättande 1625 introducerades ätten Bratt af Höglunda som nr 49, tillhörande svenneklassen enligt den riddarhusordning som antogs följande år, med bröderna Nils och Per Jönssöner, vilka var sonsonssöner till Ivar Nilssons bror, Per Nilsson. Dennes sätesgård var enligt ett brev från 1499 Skärsmyr i Tveta socken[21] – ett hemman som Nils Bratt

---

[16] *Margit* är endast en form av *Margareta* (Modeer 1964, s. 49), och det är obekant huruvida *Margith* i Fernows avskrift av morgongåvobrevet från 1480 i KSLB, AW 2, pag. 444 f., FVA avspeglar originalets ordalydelse. Namnet på Nils Posses hustru t.ex. skrivs i en av de få källor där hon förekommer, ett brev från 1491 (SDHK nr 32674), "marg^ette", vilket upplöst blir "margrette", men som i en äldre avskrift mycket väl skulle kunna ha tolkats på annat sätt.

[17] Elgenstierna 1925–36, 6, s. 2.

[18] Elgenstierna 1925–36, 1, s. 574.

[19] Rasmus Ludvigsson i Skoklostersamlingen, I, 57 fol. (E 8676), fol. 85 r., 158 r., RA; Anrep 1858–64, 3, s. 225. Rasmus Ludvigsson uppger i dessa släkttavlor att Margareta Ivarsdotter var mor till Axel Posse, men denne var född i Nils Posses första gifte, med Gertrud Matsdotter (Rømer). Hans äktenskap med Margareta Ivarsdotter tycks ha varit barnlöst.

[20] Sjögren 1950, s. 120 med not 2. Se även ibid., s. 23, 42, 139, 247, 249.

[21] von der Hardt 1709, s. [13] f.; Nilsson 1997, s. 162 f.

den äldre hade förvärvat 1459[22] och som Per Nilsson nu avyttrade, men som snart återkom i släktens ägo (se nedan) – medan han i ett par brev från 1509 skriver sig till Höglunda i Nors socken,[23] som alltså skulle komma att ge namn åt den introducerade grenen av släkten. Ätten Bratt af Höglunda utslocknade 1984.

Ett hos Fernow och hans samtids genealoger förekommande påstående att fogden Nils Bratt skall ha härstammat från Norge[24] är obestyrkt men upprepas alltjämt trosvisst. En på 1950-talet av den norske släktforskaren Engebret Hougen lanserad uppfattning att Nils Bratt sannolikt var son till sysselmannen i Gudbrandsdalen Steinar Eysteinson Bratt bygger därtill på felaktiga premisser.[25] I namnforskningen har i stället "Brattason", ur vilket "Bratt" tycks ha utvecklats, härletts till mans- eller tillnamnet *Bratte*, jämfört med forndanska och fornvästnordiska *Bratti*.[26] Som tillnamn har *Bratt* antagits ha haft innebörden en person 'med stolt hållning' eller 'med raka axlar',[27] vilket kan jämföras med det i värmländska dialekter förekommande adjektivet *bratt* 'med upprest och lätt bakåtböjd hållning' och verbet *bräätt sej* 'sträcka upp sig, brösta sig'.[28] I Hans Gillingstams förteckning över medeltida frälsesläkter med släktnamn[29] saknas Bratt. Oavsett ursprunget begagnades namnet emellertid av den adlade fogden Nils Bratt själv (omväxlande med det tidigare belagda "Brattason") liksom av hans son, väpnaren Nils Bratt, därtill av de nedannämnda, likaså senmedeltida Karl Bratt och Mats Bratt, vilkas exakta släktskapsförhållande till de båda Nils Bratt inte kan fastställas men som kan ha varit söner till den äldre

---

[22] Nilsson 1997, s. 129. Detta brev är numera förkommet, se *DMS* 7, s. 634 med not 1.

[23] SDHK nr 36555, 36556.

[24] Stiernman 1754–55, 1, s. 227 (Nils Bratt "förmenes wara född i Wermeland eller Norrige"); Åkersteins genealogier, 3, RHA; Åkerstein 1765, s. 4 samt släkttavla (lit. A); Fridrik Fryxell, Wärmelands Slägte-Bok, tab. 34, KB; Fernow 1773–79, s. 244, 262 f. (Fernow 1977, 1, s. 90, 97).

[25] Hougen 1954, s. 287 f. Hougen menade i detta sammanhang att Steinar Eysteinson Bratt inte förekommer i Norge i bevarade handlingar efter 24/11 1449, då han deltog i hyllningen av Karl Knutsson som landets kung, medan Nils Bratt, enligt Hougens oriktiga uppfattning, omnämns första gången 1454. "Det kan ikke være et blott og bart tilfeldig sammentreff at den første Bratt optrer i Sverige kort efter 1450" och att sysselmannen en tid dessförinnan – som en följd av Karl Knutssons snabba detronisering som norsk regent – "forsvinner totalt fra den norske arena", argumenterade Hougen, varför Steinar Eysteinson och hans på denna grund adopterade son "Nils Bratt" kan ha begett sig till "det urolige og oprørske Värmland", där kung Karl lär ha haft användning för "en håndfast og pålitelig mann". Hougens lättvindiga resonemang godtas utan förbehåll hos bl.a. Bratt 1966, s. 5 f. och Norlin 1973, s. 328, därtill utfyllt med en anlinje för Steinar Eysteinson – och därmed också för släkten (släkterna) Bratt i Sverige – till 1200-talets början.

[26] *Sveriges medeltida personnamn*, 4, sp. 491 f. Enda anförda svenska belägget är Nils Brattasons fadersnamn. Flera svenska belägg anförs däremot på mansnamnet *Brat*: "Brattir", "Bratter", som jämförs med forndanska *Brat* och fornvästnordiska *Brattr* (ibid., sp. 491).

[27] Modeer 1964, s. 100 f.

[28] Warmland 1997, s. 45, 49.

[29] Gillingstam 1964.

11

Nils Bratt. Därefter förefaller inte namnet ha nyttjats av släktens medlemmar förrän på 1600-talet och då av den på riddarhuset introducerade Höglundagrenen.

Ivar Nilssons mor Margit Ivarsdotter (Liljeörn) var dotter till väpnaren Ivar Jönsson (omnämnd 1440–67) och sondotter till väpnaren Jöns Gudleksson (omnämnd 1378–99), som båda ägde några gods i Värmland och som sannolikt också var bosatta i landskapet.[30] Liljeörn[31] är det i sen tid konstruerade namnet på denna ätt,[32] givet efter dess sköldemärke, som i kluven sköld visar en vinge och en halv lilja; i äldre litteratur har sköldemärket feltolkats som ett vingat svärd.[33] En bror till Margit var Jöns Ivarsson (levde 1493, var död 1496), som under de inrikespolitiskt oroliga åren 1465–66 hade varit fogde på Stockholms slott. Han var först gift med Cecilia Månsdotter (Natt och Dag) (levde i början av 1470-talet, var död 1477) i hennes tredje äktenskap, sedan med Mekthild Persdotter (levde 1496, var död 1502).[34] Under sitt första äktenskap var han bosatt på Ekeberg i Lillkyrka socken i närheten av Örebro, senare hade han Svansholm i Ödeby socken i samma trakt som sätesgård. En annan bror till Margit Ivarsdotter var Per Ivarsson († 1505 eller 1506), som i samband med sitt giftermål (tidigast 1498) med änkan Karin Persdotter (svärd) (levde ännu 1525), bördig från Nedre Satakunta i Finland, blev bosatt på Holm i Stora Tuna socken i Dalarna.[35]

---

[30] Om Margit Ivarsdotters fäderne, se Djurklou 1882, s. XXV f.; Liedgren 1982, s. 9. Se i övrigt brev enligt personregistret i Nilsson 1997 med kommentarer. Att Jöns Gudleksson var far till Ivar Jönsson framgår av två brev rörande Strand i Eds socken, se ibid., s. 60, 122 f. (SDHK nr 41754, 26489).

[31] Översikten över släkten Liljeörn i Raneke 1982, s. 874 är ofullständig och i övrigt behäftad med åtskilliga fel (jfr Liedgren 1982, s. 8 f.) – Raneke saknar uppgift om de två äldsta leden, påstår (i enlighet med en äldre oriktig uppfattning, jfr Anrep 1858–64, 3, s. 9) att den nedannämnde Jöns Ivarsson i stället tillhörde en dansk släkt etc. För en ingående kritisk granskning av Ranekes vidlyftiga *Svenska medeltidsvapen*, se Janzon 2015, s. 23 ff. Arbetet är, enligt Janzon, inte användbart som medeltidsgenealogiskt uppslagsverk men företer stora brister även vad gäller heraldiken.

[32] Ättens siste manlige medlem, den nedannämnde Ivar Ivarsson († 1590), har dock på sin gravsten åsatts släktnamnet "Örn" (avbildning i Rosman 1924, s. 57).

[33] Djurklou 1890, s. 19 not 1; Liedgren 1982, s. 9.

[34] Djurklou 1882, s. XXV med not 2; Liedgren 1971, s. 493. Beträffande Jöns Ivarssons fogdeuppdrag jfr Retsö 2009, s. 87 med not 22, 393. Födelsedata: Jöns Ivarsson SDHK nr 33028, 33378; Cecilia Månsdotter SDHK nr 30183; Mekthild Persdotter SDHK nr 33378, 34495. Den Jöns Jönsson, som Djurklou upptar som Jöns Ivarssons son i första äktenskapet, och som levde 26/1 1495 (SDHK nr 33197) men var död 30/5 1496 (SDHK nr 33381), var, som Liedgren påpekar, i stället Cecilia Månsdotters son i hennes andra äktenskap, med den norskättade hövitsmannen på Stegeborg Jes (eller Jöns) Persson (skank), som 1470 avrättades för sjöröveri.

[35] Djurklou 1882, s. XXV not 2; Anthoni 1965, s. 210. Att Jöns Ivarsson och Per Ivarsson var bröder framgår av SDHK nr 34495. I brevet, daterat Vadstena 23/1 1502, skänker Per Ivarsson med sin brorson Ivar Jönssons samtycke en gård i Vallerstads socken i Östergötland till Vadstena kloster för sin bror Jöns Ivarssons, hans båda hustrurs och hans båda döttrar Märtas och Kristinas själar.

En tredje bror till Margit Ivarsdotter var sannolikt Måns eller Magnus Ivarsson (omnämnd åtminstone 1483, 1484),[36] gift med den södermanländska frälsekvinnan Appolonia Filipsdotter (omnämnd 1489).[37] Deras son Ivar Månsson (levde 1542, var död 1544) kom, liksom hans sannolike farbroder Jöns Ivarsson, att genom giftermål (ca 1527) bli befryndad med högadeln. Ivar Månssons hustru Karin Axelsdotter († 1558) tillhörde på fädernet ätten Tott medan hennes mor, Kristina Andersdotter (van Bergen), var styvdotter till den svenske riksföreståndaren Svante Nilsson genom hans äktenskap med Kristinas mor, den danskättade Metta Ivarsdotter (Dyre), som därmed blev styvmor till Sten Svantesson, vilken som riksföreståndare är känd som Sten Sture d.y. Ivar Månsson och hans hustru, med bl.a. Edeby i Ripsa socken i Södermanland som sätesgård, hade sönerna Måns och Ivar Ivarssöner. Måns († ca 1564), som skrev sig till Edeby, var gift (1562) med Anna Jöransdotter (Gyllenstierna) († 1582), medan Ivar, med säte på Visbohammar i Vårdinge socken i Södermanland, men som skrev sig också till Strömsta i Teda socken i Uppland, och som dubbades till riddare vid Erik XIV:s kröning 1561, var trolovad (2 februari 1566)

---

[36] I sin s.k. stora släktbok, Skoklostersamlingen, I, 57 fol. (E 8676), fol. 225 v., RA (en av två bevarade avskrifter), uppger Rasmus Ludvigsson att Magnus (eller Måns) Ivarsson var bror till Per Ivarsson på Holm; härefter Per Månsson Utter i Genealogica 41, fol. 194 r., RA. Det är obekant vilken källa Rasmus har byggt på. Att han stundtals nöjde sig med att fastställa identitet och släktskap på grund av enbart namnlikhet är omvittnat (se bl.a. Rosman 1897, s. 81), och i detta fall kan det förhållandevis ovanliga fadersnamnet "Ivarsson" ha skapat släktskapet. Utter har knappast kontrollerat Rasmus' uppgift utan snarare nöjt sig med att skriva av den (jfr ibid., s. 141 f.). I ett av Hildebrand (1934, s. 130 f.; jfr Liedgren 1982, s. 8) anfört brev, Värmlandsfogden Per Knaghs morgongåvobrev 26/1 1484 för sin hustru Märta Persdotter (SDHK nr 44721), förekommer bland vittnena väpnarna Jöns Ivarsson och Magnus Ivarsson, varför Hildebrand förmodar – på denna tämligen klena grund – att dessa båda var bröder (Hildebrands påstående att Jöns Ivarsson även hade en bror Ivar Ivarsson måste bero på ett missförstånd). En sökning i SDHK ger vid handen att Magnus (eller Måns) Ivarsson är ett mycket ovanligt namn bland de där upptagna personerna. Från 1400-talet och 1500-talets första decennium är endast tre brev registrerade i vilka detta namn förekommer, däribland det ovannämnda morgongåvobrevet 26/1 1484. Av ett annat brev (SDHK nr 31296) framgår att riksrådet 18/5 1483 förlänade väpnaren Magnus Ivarsson kronogården Husby med Stavby socken i Olands härad i Uppland i hans livstid. I DMS 1:4, s. 22, 250 benämns denne med hänvisning till Hildebrand Magnus Ivarsson (Liljeörn), d.v.s. han identifieras med morgongåvobrevets M.I. och med Hildebrands förmodade släkttillhörighet (en ibid., s. 250 åberopad PM 30/6 1970 har vid förfrågan hos Riksarkivet i januari 2023 inte återfunnits). Om det tredje brevet, utfärdat 13/2 1494 (SDHK nr 33068; Nilsson 1997, s. 156), se närmare nedan.

[37] Sveriges medeltida personnamn, 1, sp. 124; Liedgren 1982, s. 8 f. Liedgren åberopar vad gäller Ivar Månssons föräldrar Rasmus Ludvigsson i Genealogica 20, fol. 34 v., RA. Samma uppgift föreligger i Rasmus Ludvigssons stora släktbok, Skoklostersamlingen, I, 57 fol. (E 8676), fol. 115 v., RA samt indirekt i Genealogica 18, fol. 41 v., RA, Genealogica 21, fol. 160 r., RA och Genealogica 42, fol. 7 r., RA, där det av misstag uppges att Magnus (Måns) Ivarsson och hans hustru var föräldrar till Ivar Månssons söner. Liedgren identifierar denne Magnus Ivarsson med den i morgongåvobrevet 26/1 1484 (se närmast föregående not) omnämnde M.I. och godtar även den av Hildebrand föreslagna släkttillhörigheten genom att hävda att Magnus Ivarssons son Ivar Månsson var kusin till Jöns Ivarssons son Ivar Jönsson.

med hennes syster Karin (levde ännu 1602). Innan äktenskapet hann fullbordas blev Ivar Ivarsson bragt om livet vid de s.k. Sturemorden på Uppsala slott 24 maj 1567. På svärdssidan utslocknade ätten Liljeörn med Ivar Ivarssons postume son Ivar, som dog ogift 1590 (på sin gravsten i Vårdinge kyrka skrivs han till Strömsta), på spinnsidan med hans kusin Karin Månsdotter, som avled på Edeby 1604. Hon var gift (1582) med Arvid Gustavsson (Stenbock), en bror till Gustav Vasas tredje gemål, drottning Katarina, som höll bröllopet. För sin konflikt med hertig Karl och sitt stöd för kung Sigismund tvingades Arvid Gustavsson att lämna Sverige och dog i landsflykten tidigast 1609; han befann sig detta år i Danzig, nuvarande Gdansk.[38]

Förmodligen kan i de bevarade källorna skönjas ytterligare en syster i syskonskaran. Väpnaren Håkan Magnusson pantsatte 13 februari 1494 fyra gårdar i Värmland till sin morbror Magnus Ivarsson,[39] vilken på grund av namnets ovanlighet i källmaterialet[40] och anknytningen till Värmland kan antas vara identisk med den ovannämnde Magnus Ivarsson (Liljeörn). Av de fyra gods som Håkan Magnusson pantsatte hade ett, Arnäs i sedermera Borgviks socken, år 1472 förvärvats av en Magnus Håkansson i Höglunda i Nors socken.[41] På bräcklig grund bygger därmed möjligheten att Per Nilssons åtkomst till Höglunda – sätesgården som skulle komma att ge den på riddarhuset introducerade grenen av släkten Bratt dess fulla namn – var knuten till hans mödernesläkt, att Höglunda i ett tidigare skede hade ägts av en moster till honom och hennes make.

Björkes tidigare ägare av släkten Bratt

Ivar Nilsson var inte den förste av sin släkt som hade ägt Björke. Bytespartnern 1509, fogden Olof Björnsson, hade bara två år tidigare, 1507, förvärvat Björke av Mats Bratt för 80 mark örtugar ("Stockholmsmynt") enligt ett referat av köpehandlingen

---

[38] Om Ivar Månssons giftermål och ättlingar, se Almquist 1960, s. 91, 93 f., 97 f.; Gillingstam & Lundholm 1989, s. 295. Om Ivar Ivarsson (d.y.) och processerna om denne kunde anses vara född inom eller utom äktenskapet, se bl.a. Rosman 1924, s. 56 ff. Om Arvid Gustavsson (Stenbock), se Gillingstam 2007–11. Om Strömsta, se DMS 1:11, s. 200.

[39] SDHK nr 33068; se även Nilsson 1997, s. 156. Samtliga dessa fyra gods såldes 12/4 1498 av Håkan Magnusson till lagmannen i Värmland Nils Olofsson (Vinge) (SDHK nr 33595; Nilsson 1997, s. 160).

[40] Se ovan not 36.

[41] SDHK nr 29519; Nilsson 1997, s. 143.

i domboken för hösttinget i Fryksdals härad 1726.[42] Affären omfattade även torpet Ulvsbjörke med några ytterligare ödetorp och "Ödatorpa städe"[43], halva bolbyskogen och halva "Tinneskogen" samt kvarn och kvarnfall, fiske (fiskvärk) och fiskevatten. För ytterligare 16 mark örtugar och en silversked om fyra lod skall Mats Bratt vidare ha avstått en skog "Boan" och "en som Tinneskog het" (= andra halvan av denna skog?). Också 1509 års byte skall enligt vad som uppgavs 1726 ha inbegripit dessa ägor; det bevarade exemplaret av 1509 års bytesbrev, d.v.s. Olof Björnssons, tar närmast sikte på vad Ivar Nilsson avstod medan vad han i dess ställe mottog endast beskrivs som en "gardh som bierka heder ligend*is* j frysdall j swndz sock*en*", och Fernows regest av Ivar Nilssons exemplar (i original eller referat) upplyser bara kortfattat om att denne bytte till sig "den jord han [= Olof Björnsson] kjöpt i Frisdalen af Matts Bratt". Bytet 1509 omfattade därtill en kvarnfors i Björke, vilken Olof Björnsson hade förvärvat av Jöns i Spelnäs i Sunne socken[44] för 2 fat järn (osmundjärn) och som han nu avstod till Ivar Nilsson.

Enligt ett annat men betydligt knapphändigare referat av 1507 års köpebrev, vilket Fernow gjorde 1770 efter originalhandlingen och införde i sitt Archivum Wermelandicum, var Ivar Nilsson en av dem som bevittnade transaktionen 1507. Också övriga vittnen, enligt detta senare referat, känns igen från bytet 1509: lagmannen Nils Olofsson (Vinge), Torbjörn Ottesson (fågel) och Herlig Persson, som enligt Fernows referat av 1507 års brev var en systerson till Mats Bratt, en uppgift av osäkert värde; härtill kom vid detta tillfälle prästerna herr Håkan i Sunne (?) och herr Anders i Kil.[45] Fasta på Björke med dess övriga ägor utfärdades först på tinget i Fryksdals härad 1515, men då, som framgår av referatet i 1726 års dombok, för Ivar Nilsson i enlighet med 1509 års byte. Fastebrevet utfärdades av den nämnde Torbjörn Ottesson,[46] som är känd som tingsförrättare även i något annat sammanhang

---

[42] Göta hovrätts arkiv, Advokatfiskalens arkiv EVIIAABC:46, fol. 291 r.–293 r., VaLA. Jfr Almqvist 1998, s. 113 (1726 ht:115).

[43] *Torpstad*, obrukat eller obebyggt torp.

[44] Det är förmodligen samme Jöns i Spelnäs som omnämns i 1503 års skattebok (*Sb 1503*, s. 96).

[45] KSLB, AW 2, pag. 431, FAV. Herr Håkans hemvist enligt kantrubriken. Se vidare Fernow 1773–79, s. 263, 266, 297 not e, 298 not g, 321 not s (Fernow 1977, 1, s. 97, 98, 327 noterna 402 och 405, 329 not 443). Jfr Nilsson 1997, s. 167 f. Jfr också Almqvist 1987, s. 229 (1663 ht:15), 313 (1674 ht:31), 530 (1694 ht:82).

[46] I Fryksdals övre tingslags häradsrätt AIa:2, fol. 156 v., VA (Almqvist 1987, s. 188, 1655 vt:62) samt Göta hovrätts arkiv, Advokatfiskalens arkiv EVIIAAAL:7, 1656, pag. 158, VaLA och ibid., EVIIAABC:46, fol. 291 v. uppges att fastebrevet var utfärdat 1555, vilket är uppenbart felaktigt eftersom Torbjörn Ottesson avled redan 1521 (se närmast följande not). Tydligen har "mdxv" feltolkats som "mdlv" (även övre delen av *x* kunde utgöras av en ögla). Det bör vara detta brev som Fernow tog del av i Ivarsbjörke 1770 och sammanfattade med orden "1515 höll Torbjör oddsson Lagmansting i Gunnarsby, då lefde Hederlig man Herr Nils i Sund", se KSLB, AW 2, pag. 431, FAV samt Fernow 1773–79, s. 268, 297 not e (Fernow 1977, 1, s. 99, 327 not 402).

15

och som sannolikt just i denna egenskap var en av dem som dödades i mars 1521 då värmlänningarna reste sig mot Kristian II:s styre och därmed inledde den västsvenska delen av befrielsekriget.[47]

Olof Björnsson förvärvade också vid andra tillfällen jord i Värmland.[48] Av Ivar Nilssons bror Per Nilsson på Höglunda köpte han Bråne i Grums socken, Skärsmyr i Tveta socken och Stretsbol i Älgå socken, vilka hemman Gustav Vasa 1525 återdömde till Per Nilssons son Jöns Persson med motiveringen att de avtrugats fadern för 70 mark örtugar.[49] Olof Björnsson skulle därmed ha utnyttjat säljarens ekonomiska trångmål och följt i företrädaren Jens Falsters spår som under sin tid som drottning Kristinas[50] fogde på Örebro slott på detta sätt kom över jord i den dåvarande länsdelen Värmland; det var till honom som Per Nilsson avstod Skärsmyr år 1499.[51] Mats Bratts försäljning av Björke 1507 till Olof Björnsson kan ha haft en liknande bakgrund men genom Ivar Nilssons bytesaffär två år senare återgick hemmanet till släkten. Olof Björnsson lämnade Värmland hösten 1511 för att tillträda befattningen som fogde på Stockholms slott. Som trogen Stureanhängare blev han ett av offren vid blodbadet 1520.

Ulvsbjörke, som även kallades Ulvstorp, låg i södra delen av Björke.[52] Bönderna i grannhemmanet Edsbjörke uppgav vid hösttinget 1674 att Ulvsbjörke skulle ha sålts från Edsbjörke enligt en "lagmansdom av år 1507" – varmed antagligen åsyftades 1507 års köpebrev – men deras begäran att få återlösa torpet från Ivarsbjörke avslogs med hänvisning till rättsinstitutet urminnes hävd.[53] Med "Tinneskogen" avsågs enligt Ivarsbjörkes jordägare 1726 den långt i väster belägna Tinnhöjden (Tenhöjden), som då nyttjades av hemmanet Treskog i Gunnarskogs socken i Jösse härad men som Ivarsbjörke med stöd av 1507 års köpebrev och 1509 års byte nu ville återvinna. Som häradsrätten konstaterade efter det att ombudet för Treskog framlagt sina skäl ansågs emellertid denna skogstrakt höra till detta hemman redan enligt domar, som hade avkunnats på landstinget 1634 och av Jösse häradsrätt 1649,[54] vilka båda för en lång tid sedan vunnit laga kraft, varför Fryksdals häradsrätt inte kunde uppta ärendet till vidare prövning "uthan befalning af högre hand". Mot dessa

---

47 Om dråpet på Torbjörn Ottesson, se "Vestgöta lagmannen Ture Jönssons bref [...]", s. 9; jfr ibid., s. 8, 13.
48 Nilsson 1997, s. 167, 169, 170, 173, 177.
49 Nilsson 1997, s. 167, 169; GR 2, s. 125.
50 Kung Hans' gemål, vars underhållslän innefattade Värmland.
51 von der Hardt 1709, s. [13] f.; Nilsson 1997, s. 162 f. Se i övrigt ibid., s. 161 f., 163, 164, 165 f.; GR 8, s. 170 f.
52 Se bl.a. Almqvist 1993, s. 234 (1709 vt:66), 354 (1715 ht:19).
53 Almqvist 1987, s. 313 (1674 ht:31); jfr ibid., s. 229 (1663 ht:15), 530 (1694 ht:82).
54 Göta hovrätts arkiv, Advokatfiskalens arkiv EVIIAAAL:2, 1634, fol. 44 r.–45 r., VaLA; Jösse häradsrätt AIa:1, pag. 175 f., VA.

domar svarade även rågången mellan Fryksdals och Jösse härader enligt en rannsakning från 1666.[55] Målet som förehafts vid landstinget 1634 var föranlett av Treskogsbornas klagomål över Pål Larsson (Kukkoinen) i Långenäs i sedermera Gräsmarks socken i Fryksdals härad, en finsk nybyggare i grannskapet,[56] vilken i sitt nyttjande av marken skulle "widt och långdt" ha överskridit häradsgränsen, en anklagelse som de styrkte med ojävade vittnesmål. Själv företedde han inför rätten två gamla pergamentsbrev enligt vilka "Tinneskoghen" skulle ha hört till Björke. Landstingsnämnden, som bestod av nämndemän från flera värmländska härader, ansåg emellertid i sin dom att det var ovisst om "Tinneskoghen" verkligen var Tinnhöjden och menade att vad som avsågs snarare var den något östligare belägna trakten "som nu kalles Tinneboo Nääs", d.v.s. Timbonäs i sedermera Gräsmarks socken, varför man dömde till Treskogsbornas favör.

Enligt vad Pål Larsson uppgav hade han köpt "Tinneskoghen" av Ivarsbjörkebönderna, så även skogen "Boan" eller "Boon",[57] som av honom (och säljarna) identifierades med den likaledes långt i väster belägna Bogen. Också om denna betydande skogstrakt rådde oenighet, vilket framgår av ett mål om rätta gränsen i området mellan Fryksdals och Jösse härader, initierat av landshövdingen på Gotland, Ludvig Fritz, som genom s.k. frälseköp hade förvärvat det nyligen skattlagda *hemmanet* Bogen (1/4 kronohemman) i dåvarande Gunnarskogs socken av kronan. Målet avgjordes på landstinget i Karlstad 30 juni 1656 och utmynnade efter flera vittnesmål i domen att "then som är tuistat om slås mitt i tu, och häradzskildnaden gåå ther thereffter", vilket medförde att Pål Larsson inte heller hade någon rätt till skogen Bogen. Han valde att inte föra målet vidare ("så wille han inthet bemöda sigh ther om"), men tillade – sarkastiskt – att han hoppades att hans brukning i samma trakter av skogsdelen Bråne i sedermera Gräsmarks socken, som han köpt av bönderna i hemmanen By och Högen i Sunne socken och fått fasta på 1629, förhoppningsvis "inthet räcknas honom för straffwärdigt".[58] Ovisst är om någon av dessa skogar åsyftas med den kyrkoskog, som enligt 1547 års jordebok (jb) brukades av Mats i Björke (identisk med den nedannämnde Mats Ivarsson) och för vilken han erlade 2 öre i landgille.[59] Förteckningen, som enligt dess rubrik redovisar "Alle körkennes Enskilluge Godz och torp offuer Alltt Wermelann", har uppenbarligen

---

[55] Jösse häradsrätt AIa:1, pag. 468, VA.

[56] Om Pål Larsson i Långenäs, se Broberg 1988, s. 92 f. Släktnamnet enligt Gottlund 1986, s. 103 f.

[57] Se nedan i närmast följande not anförda källor från 1655 och 1656, där skogen kallas "Boon".

[58] Göta hovrätts arkiv, Advokatfiskalens arkiv EVIIAAAL:7, 1656, pag. 157–162, VaLA. Målet hade tidigare behandlats vid Fryksdals häradsrätt, se Almqvist 1987, s. 188 (1655 vt:62). Om skogen Bråne, se även ibid., s. 113 (1629 vt:8), 163 (1651 ht:8).

[59] VH 1547:12, jb, fol. 98 r., RA.

tillkommit i samband med den då pågående indragningen till kronan av socken-kyrkornas jord.

Mats Bratt är känd från ytterligare ett brev, som ännu 1770 förvarades i Ivars-björke och som är äldre än breven från 1507 och 1509. I brevet intygar Mats Bratt att han har betalat Sigrid Stensdotter för hennes fattiga tjänst i sju år av vad han själv har förtjänat för sin egen fattiga tjänst och inte av vad han har ärvt efter sin far och mor och efter sina syskon. Han tillkännager också att han till sin guddotter Ingeborg Ivarsdotter har skänkt en kvarnström "nästh th*et* bolagh*et* s*om* sunasth är i biär-kia",[60] antagligen som dopgåva. Just detta brev fick Fernow behålla, men skänkte det sedan på "anmodan" vidare till Carl Fredrik Mennander, en ung ämbetsman, som 1769 i egenskap av son till en framträdande biskop (sedermera ärkebiskop) fått kungligt löfte om adelskap (faderns ståndstillhörighet omöjliggjorde att denne själv kunde nobiliseras) och som tre år senare, i samband med att adelskapet slutligen bekräftades, antog namnet Fredenheim[61] (han skulle senare göra sig ett namn som ceremonimästare vid hovet, kännare av antikens Rom och chef för kungens konstsamlingar). Fredenheims intresse för Björkebrevet lär ha berott på att han själv skall ha varit släkt med ätten Bratt af Höglunda.[62] Med tiden kom det att få sitt förvar på Kungl. biblioteket tillsammans med hans övriga papper men överlämnades 1880 till Riksarkivet i samband med en större arkivleverans av framför allt pergamentsbrev.[63] Själv mottog Fernow en kopia av brevet för att tillföras hans Archivum Wermelandicum. För avskriften svarade den med Fredenheim nära förbundne Sigfrid Lorentz Gahm Persson[64] ("Gahmen"), en småländsk kollega till Fernow och som genom sitt Archivum Smolandicum bidrog till att Fernow började samla material till ett likartat värmländskt arkiv.[65] Brevet har den kryptiska dateringen år efter Guds börd "mc *etc*" jungfru Appolonias dag (9 februari). I avskriften i Fernows Archivum Wermelandicum förutsätts det att "mc" (1100) är en felskrivning för "md" (1500), vilket förstås är en högst rimlig tolkning. Ännu året närmast före år 1500 inleds visserligen med brevets "mc", men det förefaller vara en långsökt tolkning att därmed skulle avses ett ofullständigt utskrivet årtal på 1490-talet. Brevet är förutom av Mats Bratt själv beseglat av Nils

---

[60] SDHK nr 33470.
[61] Schück 1941, s. 204 f.
[62] Fernow 1773–79, s. 766 not d (Fernow 1977, 1, s. 376 not 1154).
[63] Jan Liedgrens PM i Fernow 1977, 1, s. 294; *Meddelanden från svenska riks-archivet*, [1:]5, s. 18.
[64] KSLB, AW 2, pag. 443 f., FAV: "Afskrift af et Original Bref på kalfskin deruti Matthis Bratt bortskänker någon del i Björke i Sund Sokn anno 1500"; Fredenheimska samlingen, brev från Erik Fernow 5/6 1771, 5/9 1771, KB. Se också Fernow 1773–79, s. 298 not g (Fernow 1977, 1, s. 327 not 405). Om Fredenheim (Mennander) och Gahm Persson, se Bergh 1916, s. 230, 425.
[65] Nygren 1956.

Olofsson (Vinge) i hans egenskap av landskapets lagman, en befattning som han tillträdde 1497, vilket därmed visar att brevet åtminstone inte är äldre än från detta år.[66]

Till Mats Bratts biografi hör antagligen också en kortfattad notering i riksregistraturet enligt vilken Gustav Vasa 31 augusti 1526 utfärdade ett fridsbrev för en "Matz brath", vilkens hemort inte anges i denna notis,[67] men brevet skulle i stället kunna avse den nedannämnde Mats Ivarsson eller en helt annan person utan anknytning till Björke. I den kortfattade notisen anges inte heller skälet till att kungen utfärdade fridsbrevet och därmed tog Mats Bratt i särskilt försvar. Frids- eller försvarelsebrev kunde utställas som skydd för den som av någon anledning ansåg sig vara hotad till livet men också för t.ex. en dråpare som fullgjort sitt åtagande gentemot den dräptes anförvanter i enlighet med en på laglig grund träffad överenskommelse. Med fridsbrev kunde även avses lejdebrev, bl.a. för en dråpare som lyckats hålla sig undan den i lagen föreskrivna tiden för att utan risk för sin personliga säkerhet kunna inställa sig vid tinget.

Redan före Mats Bratt hade emellertid medlemmar av denna släkt varit ägare till Björke. Vid sitt besök i Ivarsbjörke 1770 tog Fernow också del av ett brev daterat 15 augusti 1469 enligt vilket Karl Bratt sålde sin del i Björke till sin syster Margareta och hennes make, den ovannämnde Håkan Tordsson. Köpehandlingen var bevittnad av prästerna herr Joakim Busk i Fryksdalen och herr Birger i Köla.[68] Liksom av köpebrevet från 1507 och bytesbrevet från 1509 gjorde Fernow endast ett kortfattat sammandrag av brevet från 1469, och originalet är numera förkommet.

Från Rottneros till Björke, som blir Ivarsbjörke

Då Ivar Nilsson år 1509 förvärvade Björke förefaller han ha varit bosatt i Rottneros i Sunne socken. Till Rottneros skrev han sig nämligen i ett par brev då han tillsammans med sin sambroder (helbror) Per Nilsson på Höglunda och med deras hustrurs och barns samtycke tidigare samma år avyttrade gods, som de ärvt efter sin

---

[66] I SDHK har brevet åsatts dateringen "1497–1507" eller "omkr. 1500".

[67] GR 3, s. 266. Redan registraturets utgivare har (ibid., registret s. 6) identifierat honom med Mats Bratt i Björke (bekant från Fernows Värmlandsbeskrivning).

[68] KSLB, AW 2, pag. 431, FAV. Se även Fernow 1773–79, s. 294 not a, 297 not e, 298 not g (Fernow 1977, 1, s. 327 noterna 398, 402, 405).

kusin Ivar Jönsson (Liljeörn),[69] en son till Jöns Ivarsson (Liljeörn) och hans andra hustru Mekthild Persdotter. Affären omfattade ett drygt tiotal gods i Närke och Västmanland, vilka såldes till den danskfödde frälsemannen Anders Persson (mussla) och hans hustru Birgitta Månsdotter (Natt och Dag), som var en syster till Jöns Ivarssons första hustru Cecilia Månsdotter. Fru Cecilia hade enligt de båda köpebreven "retthelegha arffth" de berörda godsen, som sedan tydligen ärvts av hennes barn med Jöns Ivarsson, men då dessa dött minderåriga snart kommit i Jöns Ivarssons ägo och efter hans död övertagits genom arv av hans barn i andra äktenskapet.[70] Förutom sonen Ivar hade Jöns Ivarsson åtminstone två barn, döttrarna Märta och Kristina, som båda var döda 1502;[71] den förras dopnamn skulle kunna innebära att hon var född i hans första äktenskap, i så fall uppkallad efter Cecilia Månsdotters mor Märta Klasdotter (Plata). Köpeskillingen uppgick till totalt 620 mark örtugar, en avsevärd penningsumma vid denna tid. Som jämförelse kan nämnas att huvudskatten i pengar av hela dåvarande Värmland[72] uppgick till 525 mark örtugar enligt 1503 års skattebok (sb 1503), en räkenskap rörande dåvarande marsken Svante Nilssons värmländska förläning av räntan av skattejord och några få kronoenheter, men drygt hälften av denna summa erlades i oxar och i någon mån kor efter en fast värdering med avseende på det enskilda djurets kvalitet. Också de tre Hammarögodsen som utgjorde betalningen för Björke 1509 hade Ivar Nilsson tydligen kommit i besittning av genom arvet efter kusinen Ivar Jönsson (Liljeörn) – de ingick i den stora godsanhopning, som 1486 hade tillfallit Jöns Ivarsson och "hans arffwinga och æpterkomande" vid arvskiftet efter Amund Bolt (Roos af Ervalla), som var en son till Cecilia Månsdotter (Natt och Dag) i hennes första gifte.[73]

Hur Rottneros hade kommit i Ivar Nilssons ägo är däremot ovisst. Den efter Nils Gabriel Djurklou upprepade uppgiften att Ivar Nilssons far, Nils Bratt (som Djurklou identifierar med fogden N.B.), skulle ha ärvt Rottneros efter Lindorm Matsson (Läma)[74] är felaktig. Påståendet är tydligen inspirerat av Fernows utsaga att

---

[69] SDHK nr 36555, 36556. Enligt Nilsson 1997, s. 171 och sammanfattningarna i SDHK kallar Ivar och Per Nilssöner i dessa brev Ivar Jönsson för sin morbror. I breven står dock "Woor käre modherbroderszon".

[70] Liedgren 1971, s. 493.

[71] SDHK nr 34495.

[72] Nordmarks härad överfördes först 1551 från Dalsland i samband med att Värmland delades i två fögderier. På Värmlandsberg erlades skatten i osmundjärn, antagligen också i Visnums härad och Varnums socken, vilka saknas i sb 1503 och som åtminstone senare under 1500-talet var järnskattande.

[73] SDHK nr 31838. Jfr SDHK nr 31839. Se även Nilsson 1997, s. 153; DMS 7, s. 393, 395, 397, 398, 399. I det senare arbetet uppges dock oriktigt att Jöns Ivarsson mottog godsen för sin son Jöns Jönssons räkning, en uppgift som bygger på en sammanblandning med motparten vid bytet, styvsonen Jöns Jönsson (skank), som var son till Cecilia Månsdotter (Natt och Dag) i hennes andra äktenskap, se ovan not 34.

[74] Djurklou 1882, s. XXV not 2. Härefter bl.a. Elgenstierna 1925–36, 1, s. 574.

Lindorm Matsson (Läma) "skref sig til Rotna", enligt Fernows godtyckliga uppfattning liktydigt med Rottneros.[75] I själva verket var dock det avsedda godset beläget i nuvarande Söraby socken i Småland, och den Lindorm som bodde där tillhörde inte någon släkt som hade begagnat sig av Läma-namnet utan hade i något skede i en genealogisk uppställning förväxlats med den anförde Lindorm Matsson (Läma), vilken å sin sida var bosatt och verksam i Östergötland (köksmästare hos biskopen i Linköping) och som likaså saknade känd anknytning till Värmland.[76] År 1492 hade den värmländske frälsemannen Nils Ottesson (fågel), en bror till den ovannämnde Torbjörn Ottesson, sålt Rottneros till landskapets dåvarande fogde, Per Knagh,[77] men det är inte känt om det var av honom som Ivar Nilsson förvärvade hemmanet en tid senare och tillfälligtvis (för denna tidsepok) gjorde det till sätesgård. Det är också obekant hur länge Ivar Nilsson innehade Rottneros. Nästa kända ägaruppgift tycks finnas först i 1562 års frälse- och rusttjänstlängd enligt vilken hemmanet brukades av en landbo till Knut Ingelsson (Roos af Hjelmsäter),[78] en sonson till den Knut Knutsson, som beseglade Ivar Nilssons exemplar av 1509 års bytesbrev.

Efter köpet av Björke lär Ivar Nilsson ha bosatt sig i detta hemman; det är utan tvivel efter honom som det har fått sitt nuvarande namn.[79] I jb 1540–51 benämns hemmanet Björke[80] men fr.o.m. jb 1564 (jb 1552–63 saknas till följd av de bränder som drabbade Kammararkivet i början av 1800-talet) och dessförinnan i längden över brudskatten till prinsessan Anna 1563 (en längd som sannolikt bygger på den numera förlorade jb 1563) i stället Norra Björke,[81] betecknande hemmanets läge i förhållande till dess ursprungliga namngivare, sjön Björken (som i sin tur kan ha fått sitt namn av ån Björkan, som via Björken förbinder sjön Björklången i Ekshärads socken med Övre Fryken[82]), och grannhemmanen Edsbjörke och Östan-

---

[75] Fernow 1773–79, s. 297 f. (Fernow 1977, 1, s. 109).

[76] Gallén & Liljeholm 1957, s. 81; Gillingstam 1962, s. 50 med not 26; Östenson 1974, s. 41, 43. Jfr Fernow i KSLB, AW 2, pag. 69, FAV och Fridrik Fryxell, Wärmelands Slägte-Bok, tab. 172, KB. I båda dessa, tydligen kopierade översikter över Lämasläkten upptas Lindorm Matsson till "Rotne" respektive "Rotta" men utan att den förmenta sätesgården lokaliseras. Konstruktionen "Lindorm Mattzson til Rotna" förekommer redan hos Per Månsson Utter men är där – felaktigt – namnet på en medlem av släkten Båt av Billa (Genealogica 41, fol. 191 v., RA).

[77] SDHK nr 44717; Hildebrand 1934, s. 136 f. med not 13; Nilsson 1997, s. 155.

[78] Frälse- och rusttjänstlängder –1632, 3, Västersysslet 1562, RA.

[79] Detta var också uppfattningen hos hemmanets ägare 1726: "Biörka, som sedan är i jordebyte updragit til Jfwar Nilsson, effter hwilkens namn hemmanet wordet kallat Jfwarsbiörka" (Göta hovrätts arkiv, Advokatfiskalens arkiv EVIIAABC:46, fol. 292 r., VaLA).

[80] Se bl.a. Jb 1540, s. 130; VH 1551:10, jb, fol. 35 v., RA.

[81] Brudskattelängder 1563, 2:2, fol. 40 r., RA; VH 1564:7, jb, fol. 33 v., RA (jfr dock ibid., fol. 34 r., där andra hälften av hemmanet benämns "Bierkia").

[82] Jfr Rosell 1984, s. 104. Rosell tycks anse att Björkan rinner i nordlig riktning – mot Björklången – vilket inte stämmer. Mellan Björken och Fryken passerade Björkan tidigare den numera sedan länge urtappade

björke. Edsbjörke, tidigare och rättare: Esbjörke, och Östanbjörke upptas redan i sb 1503 men medan namnet Östanbjörke är belagt i denna äldsta bevarade skattelängd (i den lätt förvanskade formen "Ostenbelche") benämns Edsbjörke där endast "Berche", bebott av en bonde med namnet Bengt,[83] och först i 1563 års brudskattelängd (jfr ovan) "Esbyrnabörka" (i jb 1564 "Esbÿrnebierka")[84] efter en Esbjörn, antagligen den bonde med detta namn, som bodde i hemmanet åtminstone 1534 och ännu tjugo år senare.[85] Namnet Esbjörn återkom i senare generationer i hemmanet. I jordeböckerna förekommer namnet Ivarsbjörke fr.o.m. jb 1606[86] men i tiondelängderna redan i tl 1600,[87] ett belägg som i Fryksdalsdelen av *Ortnamnen i Värmlands län* (*SOV* 2) är det äldsta på detta namn.[88] I Värmlandsdelen av *Det medeltida Sverige* (*DMS* 7) upptas först jb 1610 som äldsta belägg på namnet Ivarsbjörke, vilket sker under hänvisning till *SOV* 2,[89] där belägget i jb 1606 inte har uppmärksammats. Namnet Ivarsbjörke är emellertid betydligt äldre än vad som framgår av jordeböckerna och tiondelängderna. Redan i längderna över de enheter, vilkas skatt avkortades 1566–67 på grund av att de förhärjats under det då pågående nordiska sjuårskriget kallas hemmanet Ivarsbjörke, likaså 1573 i en särskild längd över den s.k. kungsfodringen.[90] Samtliga dessa tre längder ingår i jb för respektive år men i själva jordeboksdelen dröjde det alltså flera decennier innan namnet Ivarsbjörke ersatte det enkla Björke och det kanske enbart i kamerala sammanhang förekommande Norra Björke. Även sedan namnet Ivarsbjörke blivit mer etablerat benämndes hemmanet emellertid inte sällan Björke.

Från ett besök i Ivarsbjörke ("Biörköö") i juli 1664 betecknar prästen Petrus Magni Gyllenius i sina dagboksanteckningar detta hemman som en jämförelsevis "myckit stoor gårdh"[91] – oavsett omtvistade skogsägor – men det lär ha utgått från en ännu större enhet. I *SOV* 2 förutsätts att Edsbjörke, Ivarsbjörke och Östanbjörke bildats genom delning av "byn Bjärka el. Björke" och att det är denna som avses i

---

lilla sjön Hån (Hånsjön), se bl.a. Lantmäteristyrelsens arkiv, R70-52:2, karta upprättad 1714 av Christer Roman, LM.

[83] *Sb 1503*, s. 86, 97 not 9.

[84] Brudskattelängder 1563, 2:2, fol. 40 r., RA; VH 1564:7, jb, fol. 34 r., RA.

[85] "Fogderäkenskaperna för Värmland 1530–1535", s. 98; Prostarnas tionderäkenskaper, Skara stift, 2, Västersysslet 1554, RA.

[86] VH 1606:5, jb, fol. 17 r., RA.

[87] VH 1600:9, tl, RA.

[88] *SOV* 2, s. 31.

[89] *DMS* 7, s. 102.

[90] VH 1566:15, jb B, fol. 70 r., RA; VH 1567:3, jb, fol. 74 r., RA; VH 1573:14, kungsfodringen, RA.

[91] Gyllenius 1962, s. 208. Efter att ha övernattat i "Biörköö" kom Gyllenius till "Ässbiörk" (Edsbjörke).

de nämnda breven från 1469, (ca) 1500, 1507 och tydligen även 1509,[92] en uppenbart felaktig tolkning – med Björke i dessa brev avses endast sedermera Ivarsbjörke. På likartat sätt uppges i *DMS* 7 att "Björka" (betecknat som ett konstruerat namn) först under 1500-talet delades i Edsbjörke, Ivarsbjörke och Östanbjörke. I den följande framställningen i *DMS* 7 redovisas emellertid Östanbjörke för sig medan beläggen för Edsbjörke och Ivarsbjörke klumpas ihop under nämnda "Björka",[93] vilket leder till oreda. Det är tänkbart att alla dessa tre hemman en gång har utgjort en enda gemensam enhet. Helt säkert är i vilket fall som helst att det vid 1500-talets början fanns två hemman i Sunne socken med det enkla namnet Björke, ett frälsehemman och ett skattehemman, vilka först senare under seklet skulle komma att skiljas åt vad gäller namnet. Redan 1469 års brev – med dess anknytning till släkten Bratt – avser utan tvivel sedermera Ivarsbjörke och endast detta hemman.

Ingen källa tycks föreligga om Ivar Nilssons innehav av Björke efter 1509. Det är således ovisst om det är han eller någon annan av hans släkt som i ett mål på tinget i Fryksdals härad 12–14 juni 1654 avses med den "knape eller adelsman, som hade bodt i Biörcke" och som "i fordom tijdh" mer eller mindre självsvåldigt hade lagt beslag på en skogstrakt öster om sjön Stor-Jangen, vilken dittills hört till hemmanet Södra Skoga i Ekshärads socken i Älvdals härad. Det hade skett för något "förseende", som en son till en viss "Joen i Skoga" gjort sig skyldig till.[94] Den äldste Jon i Skoga som kan beläggas i bevarade källor är Jon Kettilsson i Södra Skoga, vilken omnämns 1546, levde ännu 1571 och var död 1573,[95] men den Jon som avses i detta mål kan ha hört till en ännu äldre tid. Lysviksborna uppgav att skogen hade brukats under deras kyrka "uthi kiörkioherdens Sal. H^r Peders, Mr Svens Camoenij och dhe andra pastorum tijdh"; med den förstnämnde avsågs Petrus Jonæ, som var kyrkoherde i Fryksdals pastorat under en lång tid, ca 1569–1623, men utsagan kan inte tillmätas någon betydelse vad gäller tidpunkten då skogstrakten först kom att betraktas som en tillhörighet under kyrkan. Skogabönderna hade likväl för boskapsbetets skull och utan lega fått bruka skogstrakten, som knapen i Björke skall ha skänkt till Lysviks kyrka på sitt yttersta,[96] men nu ville pastoratets kyrkoherde Magnus Svenonis Mariæstadius låta en torpare bosätta sig där, vilket Skogabönderna

---

[92] *SOV* 2, s. 30, 31, 34. Fernow ansåg för sin del att Ivarsbjörke och Edsbjörke tidigare "war utan twifwel alt et" (KSLB, AW 2, pag. 431, FAV).

[93] *DMS* 7, s. 102 f., 104, 109, 119; se även ibid., tabell s. 97 f.

[94] Fryksdals övre tingslags häradsrätt AIa:2, fol. 134 r.–v., VA (Almqvist 1987, s. 176 f., 1654 vt:3).

[95] Prostarnas tionderäkenskaper, Skara stift, 1B, pag. 436, RA; Älvdals häradsrätt AIa:4, tinget 6–7/2 1691, VA.

[96] Älvdals häradsrätt AIa:2, tinget 30/9–2/10 1684, pag. 546, VA. Påståendet gjordes med hänvisning till ett extrakt av protokollet från tinget i Fryksdals härad 1654 men i samma protokoll i häradets dombok saknas just denna uppgift.

ansåg skulle bli till stor skada för dem. Målet avgjordes först 10 augusti 1685 då Göta hovrätt stadfäste den förlikning som parterna ingått med innebörden att Skoga- borna skulle få behålla den omtvistade skogstrakten mot vissa ekonomiska efter- gifter (20 riksdaler courant till Lysviks kyrka jämte någon råg, som Lysviksborna redan hemfört från Skogabornas svedjefall där). Också vid den syn som förrättats i målet i juni detta år omtalades knapen i Björke. Ett röse, som av Skogaborna under- kändes som gränsmärke, förmodades denne i stället ha uppsatt för att markera sin bäverfälla enligt vad förre häradsdomaren Jon Persson i Södra Skoga berättade efter sin far,[97] och på ett annat ställe på den omtvistade trakten skulle knapen – "hwilkens Nampn nu Jngen wiste nempna" – ha bedrivit fiske enligt samme sagesmans upp- fattning.[98]

Ivar Nilssons barn

Genom ett brev daterat Örebro 27 januari 1531 stadfäste Per Ivarsson med sina sys- kons råd och samtycke sin fars försäljning av några gods till Ebba Eriksdotter (Vasa), vilka de var "retthe arffwinghe till" och för vilka Per uppburit 100 mark svenskt mynt. Brevet är beseglat av bl.a. marsken Lars Siggesson (Sparre) och Johan Tures- son (Tre rosor)[99] och utfärdat på ett herremöte, som kungen låtit hålla i anslutning till ett marskens barnsöl.[100] Samma år 27 november utfärdade häradshövdingen Birger Budde på tinget i Glanshammars härad i närvaro av lagmannen i Närke, nämnde Lars Siggesson (Sparre), ett dombrev enligt vilket fru Ebba för 180 mark svenskt mynt hade köpt några gods av Per Ivarsson och Sven Persson samt deras syskon och som dessa var bördemän till.[101] Som Halvar Nilsson har påpekat före- ligger sannolikt ett samband mellan dessa båda affärer[102] – han har dock endast noterat det senare brevet – och den ovannämnda avyttringen 1509 av gods som Ivar Nilsson och hans bror hade ärvt efter sin kusin Ivar Jönsson (Liljeörn). Den nu aktuella köparen, Ebba Eriksdotter (Vasa), som var änka efter Erik Abrahamsson

---

[97] Jon Perssons far var häradsdomaren Per Håkansson i Södra Skoga, vilkens far, Håkan Persson ibid., var en brorson till den ovannämnde Jon Kettilsson.

[98] Älvdals häradsrätt AIa:3, syn 2/6 1685, VA. Se vidare Älvdals häradsrätt AIa:2, pag. 509–511, 545–548, VA samt Älvdals häradsrätt AIa:3, tinget 25–27/8 1685, VA.

[99] SDHK nr 38963.

[100] *Svenska riksdagsakter* [...], 1:1:1:1, s. 160 ff.

[101] SDHK nr 39008.

[102] Nilsson 1997, s. 171. Jfr Djurklou 1882, s. XXV f. och Djurklou 1890, s. 19 f.

24

(Leijonhufvud) och mor till den blivande drottning Margareta, Gustav Vasas andra gemål (fru Ebba var dessutom syssling till kungen), var nämligen svärdotter till Birgitta Månsdotter (Natt och Dag), som jämte sin andre make var brödernas motpart 1509. Därtill låg tydligen även de gods och gårdar som försåldes 1531 i Närke (de namnges inte i något av breven). Redan av en arkivhistorisk undersökning som Lars Sjödin företog på 1930-talet framgår att såväl de båda köpebreven från 1509 som de båda breven från 1531 kom i Vasahusets ägo (och sedermera till Riksarkivet) tillsammans med en mängd andra handlingar i samband med arvskiftet efter Gustav Vasas svärmor fru Ebba.[103] Det är tydligen tillgången till 1509 års köpehandlingar som ligger till grund för uppgiften i en av Vasatjänaren Rasmus Ludvigssons genealogier att Per Nilsson till "hölene" och Ivar Nilsson till Rottneros var bröder, varav följde att de var söner till en viss Nils, som dock i övrigt var helt okänd för Rasmus.[104] Sammanjämkningen av dessa båda brev och övriga handlingar av samma proveniens tycks emellertid ha lett honom till den felaktiga slutsatsen att Ivar Nilsson var far till Cecilia Månsdotters (Natt och Dag) make Jöns Ivarsson. Den kunglige sekreteraren Rasmus Ludvigssons genealogiska arbeten hade sin upprinnelse i återbördandet till adliga släkter men huvudsakligen till kungen själv av donerat kyrko- och klostergods efter deras indragning till kronan i överensstämmelse med besluten vid Västerås riksdag 1527.

Med stöd av dombrevet från november 1531 har Halvar Nilsson antagit att Per Ivarsson var en son till Ivar Nilsson medan Sven Persson skulle vara en son till Per Nilsson. Han menar att "[d]essa två medlemmar av släkten Bratt har veterligen inte varit kända hittills".[105] Emellertid finns andra källor som visar att Ivar Nilsson hade en son Per. I 1541 års fogderäkenskap noteras att frälsemannen Mats i Björke har fritt fodringen (en pålaga som utgick även av frälsehemman) eftersom hans bror Per Ivarsson i Finland håller kungen "hester och karlar",[106] d.v.s. han utförde den rusttjänst som var förenad med frälsefriheten för Björke, som således var att betrakta som sätesgård. Därför saknas Björke (Ivarsbjörke) i sb 1503 och i längden över den extraskatt, som uttogs 1535 med hänvisning till grevefejden och även av frälsehemman, medan Edsbjörke och Östanbjörke upptas i båda dessa skattelängder (om sb 1503, se ovan; i längden från 1535 redovisas de gemensamt som skattehemmanen "biercke ii g:", Björke två gårdar).[107] Det är därför oriktigt att påstå, som Jan Eric

---

[103] Sjödin 1939, s. 120 med not 1. Ebba Eriksdotter (Vasa) benämns här av misstag Ebba Månsdotter (Lilliehöök), som var hennes sonhustru, gift med Sten Eriksson (Leijonhufvud).
[104] Genealogica 26, RA.
[105] Nilsson 1997, s. 171.
[106] VH 1541:6, RA. Se även Westlund 2008, s. 28 med not 253 och Westlund 2017, s. 48 f. not 4.
[107] Gärder och hjälper 1535, pag. 435, RA.

Almquist gör i sitt stora arbete om herrgårdarna i Sverige under reformationstiden (1960), att det i Fryksdals härad inte fanns någon herrgård under den i boken behandlade tidsperioden (1523–1611).[108]

Vidare är "Jöns Ivarsson i Finland", som enligt 1562 års frälse- och rusttjänstlängd för Östersysslet ägde ett hemman i fögderiet, Gruvön i Grums socken, utan tvivel en felskrivning för Per Ivarsson, som 1541 befann sig i just Finland. Förhållandet klarläggs av Erik XIV:s befallning 23 juli 1562 till Östersysslets fogde Måns Knutsson att skattlägga "the Godz som thenn Peder Jffuerszon haffuer giortt frälsze före, och hans Syster förmå icke ther aff göre någenn tiänist".[109] Att därmed avsågs Gruvön påvisas av att detta hemman saknas i 1563 års frälse- och rusttjänstlängd och att det i jb 1565 har överförts från jordnaturen frälse till jordnaturen skatte och påförts årlig ränta.[110] Såvitt kan utläsas av tiondens storlek var Gruvön vid denna tid ett relativt bärkraftigt hemman; det bestod ännu 1561 av en enda gård (ett hushåll), som förestods av Knut (omnämnd redan 1540), men 1564 fanns där ytterligare en gård, brukad av Gullbrand.[111] Gruvön var ju ett gammalt Brattgods; det utgjorde Nils Bratts morgongåva 1480 till Margit Ivarsdotter (Liljeörn) och förefaller därmed ha ärvts av sonen Ivar och efter hans död ha kommit i Per Ivarssons ägo. I anseende till de skäl som anförts ovan är det sannolikt att det är samme Per Ivarsson som avses 1531. Ivar Nilsson var tydligen död vid denna tid. Per Ivarsson själv kan ha varit död 1562 att döma av ordalydelsen i Erik XIV:s brev från detta år.

Efter Ivar Nilsson beboddes Björke av hans son Mats Ivarsson – fadersnamnet framgår indirekt av den nämnda noteringen om brodern Per Ivarsson i 1541 års fogderäkenskap. Mats i Björke benämns frälseman i jb 1540, i 1541 års fogderäkenskap (jb 1541 saknas) och i jb 1542,[112] men åtminstone inte fr.o.m. jb 1545[113] (jb 1544 saknas). Jb 1543 har en textförlust i marginalen till notisen om Björke,[114] varför det inte kan uteslutas att Mats då ännu betecknades som frälseman. Den genom

---

[108] Almquist 1960, s. 340. Däremot upptas Björke som sätesgård i *DVM 7* men tydligen endast för Mats Bratt, i enlighet med bl.a. brevet från omkring år 1500, och som oriktigt föreslås vara identisk med Mats i Björke i jb 1540–42 (ibid., s. 71, 99, 102).

[109] Riksregistraturet, 36, fol. 150 r., RA. Se även Westlund 2008, s. 28 not 253.

[110] VH 1565:1, jb, pag. 8, 11, RA.

[111] *Jb 1540*, s. 104; VH 1561:3, tl, RA; VH 1564:6, tl, fol. 10 v., RA.

[112] *Jb 1540*, s. 130; VH 1541:6, RA; VH 1542:11, jb, pag. 103, RA.

[113] VH 1545:11, jb, pag. 229, RA.

[114] VH 1543:2, jb, pag. 161, RA. Jfr placeringen av beteckningen "frelsze" i jb 1543 för Per Persson i Höglunda och Nils Persson i Skärsmyr (ibid., pag. 16, 71). Av frälsehemmanen i Fryksdals härad redovisas i jb 1543 endast den vart tredje år utgående kungsfodringen, som erlades även av sätesgårdar, men inte årlig fodring, som (jämte årlig ränta och årlig fodring av skattehemmanen) vid denna tid var förlänad fogden på Stockholms slott Botvid Larsson, vilken tidigare innehaft samma befattning i Värmland, se Westlund 2008, s. 12 med not 34. Kungsfodringen, som utgick detta år, inbegreps vanligen inte i förläningar.

brodern fullgjorda rusttjänsten upphörde således något före mitten av 1540-talet. En något märklig omständighet är att varken Ivar Nilsson, Per Ivarsson eller någon annan med anknytning till Björke förekommer i de bevarade längderna i vilka rusttjänsten i Värmland under Gustav Vasas första årtionden berörs[115] eller i något annat sammanhang där det fåtaliga värmländska frälset vid denna tid omtalas. Däremot upptas "peder på hölen" i en längd över rusttjänstskyldiga i Värmland ca 1528–29.[116] Han var sannolikt identisk med Per Persson (Bratt) på Höglunda och inte med dennes far, den ovannämnde Per Nilsson, som tycks ha varit död redan 1525.[117] Denna kusin till Per Ivarsson och hans syskon hörde dock till de frälsemän som inte mäktade med att utrusta en karl med häst och rustning utan endast en man till fots, en fotgångare.

Ytterligare några år efter det att Björke upphört att vara en sätesgård (i kameral mening) betecknades det för en tid som frälsehemman. Så är fallet ännu i jb 1550 men i jb 1551 har jordnaturen ändrats till skatte.[118] Skattläggningen medförde att Björke i stället kom att betecknas som ett helt skattehemman och påfördes i samband härmed 10 öre i oxskatt (för en stor del av Värmland var huvudskatten numera satt i – och inte endast avlöst med – oxar, som utgjordes efter den nämnda fasta värderingen) och 1 öre i matgivepenningar (sannolikt en ursprungligen tillfällig s.k. gengärd, som förvandlats till en stående pålaga); samtidigt höjdes fodringen, årlig fodring och den vart tredje år utgående kungsfodringen, från två till fyra hästar i enlighet med gällande normer.

Mats Ivarsson var dock inte ensam ägare till Björke. Åtminstone 1545 (enligt följande års tiondelängd, den äldsta bevarade för Värmlands del) var hemmanet delat i två enheter, vilkas brukare hette Mats och Olof.[119] Den senare omnämns i flera skattelängder under de närmast följande decennierna och med sitt patronymikon i en längd från 1577; han kallas där Olof Ivarsson.[120] Det bör således stå klart att han var en bror till Mats Ivarsson. Säkerligen är han också identisk med den Olof Ivarsson, som var nämndeman i Fryksdals härad 1546 (se närmare nedan).

I de värmländska jordeböckerna för åren 1540–51 redovisas endast en brukare per jordeboksenhet, vilket, som kan konstateras vid en jämförelse med tl 1546, inte nödvändigtvis innebär att det fanns endast en enda gård (ett hushåll) i respektive jordeboksenhet eller hemman. För Björke står alltså Mats skriven i jb 1540–50, be-

---

[115] GR 5, s. 145 f., 187–189; GR 9, s. 388–390; GR 10, s. 378, 384.
[116] GR 5, s. 189.
[117] Se GR 2, s. 125. Jfr Nilsson 1997, s. 167, 169.
[118] VH 1550:14, jb, fol. 71 v., RA; VH 1551:10, jb, fol. 35 v., RA.
[119] Prostarnas tionderäkenskaper, Skara stift, 1B, pag. 441, RA.
[120] VH 1577:17, jb, fol. 93 r., RA.

tecknad som frälseman åtminstone ännu i jb 1542 (jfr ovan) och därefter som brukare av ett frälsehemman men som han likväl ägde (han var alltså inte landbo). I jb 1551, samma år som Björke för första gången redovisas som skattehemman, är i stället Olof skriven för Björke. Detta innebär dock inte att Mats var avliden vid denna tid. Jb 1552–63 saknas (och där kanske inte heller personnamn har redovisats i likhet med vad som är fallet med jb 1564 ff.), men i nästa bevarade tiondelängd, tl 1554 (avseende föregående års skörd), upptas liksom i tl 1546 Mats och Olof i Björke.[121] Mats i Björke nämns ännu 1573 i längden över en extraskatt[122] och fr.o.m. 1577 i längderna över den kvarnskatt (kvarntullpenningar), som hertig Karl år 1572 hade pålagt skvaltkvarnarna i Västersysslets fögderi (i andra delar av furstendömet gav hertigen order om att skvaltkvarnarna skulle rivas för att de inte skulle konkurrera med hans egna tullkvarnar).[123] I de särskilda längderna över kvarnskatten förekommer Mats i Björke ännu 1602, men då dessa längder inte tar hänsyn till ändrade ägoförhållanden utan har avskrivits slentrianmässigt efter en tidigare förlaga är de förstås allt mindre användbara som personhistoriska källor ju mer de fjärmar sig från de äldsta längderna. Tydligen levde Mats dock 1573 och sannolikt ännu 1577, då den första kvarnskattlängden med personnamn upprättades, men ovisst hur länge därefter.

Olof är skriven för Björke i jb 1551 men upptas som brukare där redan i tl 1546. Han förekommer också i de bevarade tiondelängderna som kommer härnäst, tl 1554 och tl 1564,[124] i den förra tillsammans med Mats, i den senare ensam, vilket inte innebär att han då var den ende brukaren i hemmanet eftersom denna längd generellt namnger högst en tiondegivare per hemman. Olof i Björke betecknas i jb 1551 som länsman, varför han hade det nyss skattlagda hemmanet fritt från skatt. Som länsman i Fryksdals härad förefaller Olof ha efterträtt brodern Mats: den länsman Mats Ivarsson som 1546 utfärdade ett brev rörande den omtvistade Ransjöskogen[125] är säkerligen identisk med Mats Ivarsson i Björke – i de bevarade tiondelängderna från 1546 och 1554 finns faktiskt ingen annan Mats redovisad i Fryksdals pastorat än Mats i Björke. I brevet redogörs för en dom som avkunnats vid lagmans-

---

[121] Prostarnas tionderäkenskaper, Skara stift, 2, Västersysslet 1554, RA. De upptas där tillsammans med Esbjörn i "bierka", som alltså är identisk med Esbjörn i Edsbjörke (se ovan).

[122] VH 1573:14, landtågsgärden, RA.

[123] VH 1577:17, jb, fol. 93 r., RA. Om kvarnskatten, se Westlund 2008, s. 86.

[124] VH 1564:7, tl, fol. 16 r., RA.

[125] Äldre avskrift i Sunne kyrkoarkiv O:1, VA. Se vidare Almqvist 1987, s. 397 (1685 vt:45), 467 f. (1690 ht:23), 480 f. (1691 syn 3) samt Skoglund 1922, s. 294.

tinget i Gunnarsby i Sunne socken[126] 1546 av underlagmannen Halsten Andersson och nämnden samt i närvaro av Måns Trulsson, som var den dåvarande läntagaren Botvid Larssons fogde,[127] och enligt vilken dom kyrkoherden herr Olof i Fryksdalen hade besvärat sig över Jon i Ransäter i sedermera Ransäters socken i Kils härad, vilken nu vid vite om 40 mark i böter förbjöds att hädanefter i någon mån göra åverkan på Ransjöskogen, som tillhörde Sunne prästgård "af heden höös" (eller sedan 223 år tillbaka enligt kyrkoherdens uppgift). I nämnden satt vid detta tillfälle en Olof Ivarsson. Att denne i motsats till nämndens övriga ledamöter omnämns med sitt patronymikon men utan angivet hemvist tyder på en viss social särställning eller bakgrund.[128] Med all sannolikhet avses Olof Ivarsson i Björke. Om Mats Ivarssons innehav av länsmansämbetet är ingenting ytterligare känt. Olof i Björke däremot upptas som länsman i Fryksdalen t.o.m. jb 1575 (han efterträddes på posten av Hans Eriksson i Häljeby i Sunne socken[129]). Som nämnts saknas jb 1552–63 men av jb 1564–75 framgår att Olof hade hälften av Björke fritt från skatt i sin egenskap av länsman, den hälft som han själv ägde, men jämte årliga räntan av Norra Västerrottna i sedermera Gräsmarks socken, som tillsammans med denna hälft av Björke bildade en skatterote vid samma tid.[130]

Det var under Olof Ivarssons länsmanstid som en större dansk-norsk styrka ("1 200 man") hösten 1565 under nordiska sjuårskriget drog in i norra Fryksdalen och under sitt strövtåg systematiskt brände och förödde allt i sin väg tills riksgränsen åter passerades vid Eda socken och Magnor bro.[131] Sedan bebyggelsen i området kring den nuvarande tätorten Torsby ödelagts följde fienden östra sidan av Fryken innan man vid sundet mellan Övre och Mellan-Fryken (där kyrkoherdens boställe sattes i brand) gick över på den västra för att därefter via Fryksdalshöjden gå in i

---

[126] I Värmland saknades häradshövdingar före 1668 (med undantag för en period på 1460- och 1470-talen), varför lagmannen eller hans vikarie dömde också på de lokala tingen, se närmare Westlund 2018, s. 7 f. med not 4.

[127] Om Måns Trulsson (som Fernow, efter ett brev från 1551, felaktigt förmodar var länsman i Fryksdals härad), se Westlund 2008, s. 25.

[128] Ett i tid och rum jämförbart exempel torde vara Jon Jeppesson, som i ett dombrev utfärdat i Grums härad 1566 upptas på likartat sätt som ledamot av nämnden där och som var identisk med förre fogden i Värmland. Se Westlund 2008, s. 22. Jon Jeppesson var bosatt i Lång i Grums socken och var far till ryttaren Jakob Jonsson i Lång (ibid.). Denna uppgift saknas i bl.a. Almquist 1960, s. 338 f., där Jakob Jonsson felaktigt föreslås ha tillhört frälsesläkten Oxe.

[129] Fullständiga namnet i Göta hovrätts arkiv, Advokatfiskalens arkiv EVIIAAAL:7, 1656, pag. 161, VaLA. Denne var antagligen son till den Erik i Häljeby, som 1546 omnämns som nämndeman (Sunne kyrkoarkiv O:1, VA; se närmare ovan).

[130] VH 1564:7, jb, fol. 34 r., RA; VH 1575:15, jb, fol. 50 v., 109 r., pag. 135, RA. Åren 1566–68 var Ivarsbjörkes skatt (även länsmannens hälft) avkortad på grund av skadorna som drabbat hemmanet under den dansknorska förhärjningen hösten 1565.

[131] Härom se Westlund 2017, s. 196, 367–369.

Jösse härad. Bland de många brända hemmanen märks både Ivarsbjörke och Edsbjörke; däremot tycks fiendestyrkan inte ha nått Östanbjörke. Enligt en nästan samtida dansk krönika skall fiendehopen, som stod under befäl av befallningsmannen i Solør, dansken Mogens Svale, ha slagits tre gånger med svenskarna under denna räd. I egenskap av länsman kan Olof Ivarsson tillsammans med fjärdingsmännen ha haft ansvaret för att uppbåda bönderna till bygdens försvar men det är okänt under vilket skede av härjningståget som dessa skärmytslingar skall ha ägt rum.[132]

Olof i Björke upptas vid några tillfällen i längderna över skinn och hudar, som avyttrats till hertig Karls fogde för betalning i form av tiondespannmål. I likhet med Gustav Vasa och Johan III förbehöll sig hertigen förköpsrätt till dessa begärliga s.k. viltvaror i sitt territorium.[133] År 1574 sålde Olof i Björke två mårdskinn för 5 skäppor korn och 6 skäppor havre, två år senare ett mårdskinn för 3 skäppor korn; 1577 fick han 18 skäppor havre för en älghud.[134] Liksom sin bror Mats förekommer Olof också i längderna över kvarnskatten, vilket bör innebära att det fanns två kvarnar i Björke. I den första kvarnskattlängden med personnamn, i jb 1577, upptas Olof som framgått med sitt patronymikon och benämns där alltså Olof Ivarsson i Björke.[135] Liksom Mats förekommer Olof i Björke ännu i längden över kvarnskatten i jb 1602, men som redan påpekats är dessa längder föga användbara som personhistoriska källor efter de första åren.

Tyvärr finns få personuppgifter i de bevarade räkenskaperna rörande Fryksdals härad (och även dåvarande Västersysslets fögderi i övrigt) från decennierna närmast efter 1560-talets mitt och fram till seklets slut, och häradets domböcker har bevarats först fr.o.m. år 1600 (för flertalet år under perioden 1600–10 samt kontinuerligt fr.o.m. år 1621). I jordeböckernas uppräkning av de skilda enheterna förekommer personnamn endast under åren 1540–51. Tiondelängder med tiondegivarnas namn utsatta finns som framgått för åren 1546, 1554 och 1564. Dessutom förekommer vissa personnamn i tl 1566 men i denna längd upptas ett stort antal hemman som nyligen hade bränts av fienden och som därmed inte var tiondegivande, varför deras brukare inte namnges; till denna senare kategori hörde Ivarsbjörke. Under perioden 1567–1608 redovisas i tiondelängderna för Fryksdals pastorat däremot endast tionden per jordeboksenhet och utan att tiondegivarna nämns vid namn (ett undantag är tl 1602 i vilken tiondegivarna i vissa hemman uppräknas, däribland Ivarsbjörke). Det finns inte heller några andra skattelängder från denna tid i vilka personnamn konsekvent skrivs vid de enskilda enheterna i Fryksdals härad, och för åren 1591–

---

[132] Se även Westlund 2017, s. 428 not 46.
[133] Westlund 2008, s. 113 f.
[134] VH 1574:16, jb, fol. 67 r., RA; VH 1576:11, jb, fol. [91] v., RA; VH 1577:17, jb, fol. 101 v., RA.
[135] VH 1577:17, jb, fol. 93 r., RA.

99 saknas fogderäkenskaper för dåvarande Västersysslets fögderi helt till följd av bränderna i Kammararkivet i början av 1800-talet.

Endast spridda uppgifter återstår. I 1588 års saköreslängd för Västersysslets fögderi upptas Nils i "Bierka" i Fryksdalen med fyra oxar i konungssakören (kungens eller kronans andel av böterna) för frändsämjospjäll (incest).[136] I en längd från 1590 över vissa kategorier skattebetalare, som deltog i en extraskatt, förekommer Nils Persson i "bierka" bland mågar och söner med egen brukning samt Jon Matsson i "bierka" bland drängar (ogifta manspersoner), "som Jntet haffua såått".[137] Det är dock inte alldeles givet att det är just Ivarsbjörke som avses i samtliga dessa fall. Dessutom förekommer en Olof i "bierka" i 1586 års saköreslängd för Västersysslets fögderi med 2 mark i konungssakören för två blodviten.[138] Längden saknar häradsrubriker men med "bierka" torde avses ett hemman i Fryksdalen. Att med säkerhet närmare identifiera dessa personer är inte möjligt, men den 1590 ogifte Jon Matsson kan givetvis ha varit en son till Mats Ivarsson, och Nils Persson, som samma år upptas bland mågar och söner, kan med tanke på sitt patronymikon ha varit just en måg i Ivarsbjörke. Om det var samme Nils som två år tidigare bötfälldes för incest är förstås ovisst. Olof, som 1586 hade varit i slagsmål, skulle kunna avse den förre länsmannen Olof Ivarsson, i så fall relativt ålderstigen, men också någon helt annan.

Härtill kan läggas att i 1587 och 1590 års längder över tiondespannmål för viltvaror i Västersysslet upptas "bierka" i Fryksdalen med 16 skäppor havre respektive 8 skäppor havre som betalning för vid vardera tillfället en älghud, men tyvärr utan att säljaren eller säljarna namnges.[139] Av större värde är ett par mantalsuppgifter rörande lagmansräntan (som uttogs av varje hushåll) av vilka framgår att det fortfarande 1581 och 1586 fanns endast två gårdar i Ivarsbjörke,[140] men likaså utan att några personnamn anges. Antagligen var det dessa båda gårdar som gav upphov till uppdelningen i en södra och en norra hälft i hemmanet[141] då ytterligare brukningsenheter etablerades. Å andra sidan talas det redan i Mats Bratts brev från omkring år 1500 om "thet bolaghet som sunasth är i biärkia".

---

[136] VH 1588:5, jb, fol. 108 r., RA.
[137] VH 1590:5, jb, fol. 120 r., 120 v., RA.
[138] VH 1586:10, jb, fol. 83 r., RA.
[139] VH 1587:9, tl, RA; VH 1590:5, räk., RA.
[140] VH 1581:7, jb, fol. 34 v., RA; Anders Lignells samling, Jordeboks- och mantalshandlingar för Värmland 1581–1750, fol. 46 r., RA.
[141] Delningen i två hälfter omnämns i bl.a. Almqvist 1987, s. 175 (1653 ht:44), 397 (1685 vt:46); Almqvist 1993, s. 527 (1722 ht:129); Almqvist 1998, s. 573 (1739 ht:132). Se också Lantmäteristyrelsens arkiv, R70-52:2, karta upprättad av Christer Roman 1714, LM.

Ivar Nilssons sida av släkten Bratt återfördes alltså i följande generation till bonde-
ståndet. Så skedde också med en del av brodern Per Nilssons gren. Dennes son Nils
Persson fick på sin lott det ovannämnda hemmanet Skärsmyr i Tveta socken, be-
nämns frälseman i jb 1542–51 (i jb 1545 även knape) och ännu i 1562 års frälse- och
rusttjänstlängd.[142] Han förekommer redan i jb 1540 i Skärsmyr men utan beteck-
ningen frälseman,[143] vilket lär bero på ett förbiseende. I längden över den extraskatt
som uttogs 1535 har Skärsmyr först upptagits (längden innehåller inga person-
namn) men har senare strukits med motiveringen "frels*is* godz",[144] vilket uppenbar-
ligen innebär att Skärsmyr skulle räknas som sätesgård och därmed var skattebefriat,
således i likhet med andra kända sätesgårdar i Värmland vid denna tid och som
saknas i denna längd, däribland Berg i Älgå socken, Vik i Arvika socken och de till
ätten Bratt hörande Höglunda i Nors socken och Björke i Sunne socken. En Mats i
Skärsmyr erlade 1534 en oxe i konungssakören för slagsmål[145] men det är ovisst om
han tillhörde släkten Bratt eller var skriven där av annan anledning (t.ex. som
dräng); hans Bratt-anknutna dopnamn skulle dock kunna tala för det förra alterna-
tivet. Skärsmyr betecknas som frälsehemman (landbohemman) även i 1563 års
brudskattelängd,[146] trots att det saknas i årets frälse- och rusttjänstlängd, men har
1564, då sonen Olof Nilsson är skriven för hemmanet (som vad storleken på tionden
beträffar redan tidigare tycks ha motsvarat en ordinär bondgård[147]), bytt jordnatur
till skatte.[148] Ännu i slutet av 1500-talet motiverade dock familjens forna ställning
att den intogs i en samling genealogiska anteckningar om västsvenska frälsesläkter.
Enligt dessa noteringar, som härefter inflöt i Per Månsson Utters handskrift *Collec-
tanea genealogica*, hade Nils Persson förutom sonen Olof också döttrarna Ingeborg,
gift med Tore på Värmlandsnäs, Kerstin, gift med Anders i "Kiälsbÿnn", Gullborg,
gift i Remmene i Bro socken, och Margareta, gift först till "Brenne" (?) (= Bredene i
Huggenäs socken?) och sedan till Dalsland.[149] En son till Nils Persson förekommer
i ett mål vid ett av räfstetinget i Värmland 1550: en fogdekarl hade tillfogat Nils
"nogre åko*m*mar" men också själv fått "någre åko*m*mar" av Nils' son, som dock inte

---

[142] Se bl.a. VH 1542:11, jb, pag. 46, RA; VH 1545:11, jb, pag. 18, 137, RA; VH 1551:6, fol. 26 r., RA; Frälse-
och rusttjänstlängder –1632, 3, Östersysslet 1562, fol. 13 v., RA.

[143] *Jb 1540*, s. 117.

[144] Gärder och hjälper 1535, pag. 414, RA.

[145] "Fogderäkenskaperna för Värmland 1530–1535", s. 98.

[146] Brudskattelängder 1563, 2:3, fol. 6 v., RA.

[147] Se bl.a. Prostarnas tionderäkenskaper, Skara stift, 1B (1546), pag. 465, RA; VH 1557:1, RA.

[148] VH 1564:6, kungsfodringen, RA. Olof namnges i tl 1564 (ibid., tl). Redogörelsen för Skärsmyr i DMS 7,
s. 634 f. för de aktuella åren är ofullständig och delvis oriktig.

[149] De la Gardieska samlingen, Släktarkiven, Ekeblad, 1, fol. 25 v.–26 r., LUB; Genealogica 41, fol. 261 r.,
RA. Om släktanteckningarnas tillkomst, se Almquist 1958, s. 1 ff.

namnges i domboken. Förlikning hade ingåtts men fogdekarlen hade inte hållit sin del av avtalet. Nils omtalas f.ö. här som "bonden".[150]

Även adelskapet för den del av Per Nilssons gren, som skulle komma att introduceras på det nyinrättade riddarhuset var vid ett tillfälle ifrågasatt. Vid den omfattande rannsakning rörande frälsets försummelser i fråga om rusttjänsten som Erik XIV lät anställa 1565 klandrades också de fåtaliga värmländska frälsemännen men Jöns Persson på Höglunda – en sonson till Per Nilsson och brorson till sin namne, som omnämns endast 1525 – kunde enligt nämndens uppfattning inte ens visa att han var någon adelsman, varför han för den skattefrihet som han dittills åtnjutit för sina gods blev dömd som "en sådan som cronones ingieldh swijkeligen haffwer sigh tilläghnedh". Någon praktisk betydelse fick dock inte denna dom.[151] I varje fall under nordiska sjuårskrigets senare år gjorde Jöns Persson beriden krigstjänst, men för sold. Han deltog i fälttåget i Norge 1567 med en karl till häst (antagligen han själv) tillsammans med landskapets övriga ryttare, vilka 4 april mönstrades invid Akershus (som svenskarna inte lyckades erövra).[152] Han upptas också i ett par rullor från de närmast följande åren för den kortlivade Värmland-Dalslandsfanan, vilken stod under befäl av den dåvarande fogden i Västersysslet, Per Nilsson (Gyllenstråle).[153] Då Värmlandsryttarna mönstrades i Takene i Kila socken 17 mars 1569 uppställde Jöns Persson som tidigare en ryttare men vid mönstringen i Tveta socken 8 februari 1570 uppbar han lön för två ryttare.[154] Jöns Perssons far, den ovannämnde Per Persson, är skriven till Höglunda 1528 och ännu 1557,[155] medan Jöns Persson själv upptas där i bevarade källor 1561 och ännu 1594.[156] Han var far till de båda bröderna Nils och Per Jönssöner Bratt af Höglunda.

---

[150] "En värmländsk dombok från 1550", s. 46. Om räfstetingen i Värmland 1550, se Westlund 2018, s. 16 med not 53.

[151] Westlund 2017, s. 50 not 13.

[152] Militieräkningar 1567/29, fol. 22 r. (45 r.), KrA. Jfr Westlund 2017, s. 302.

[153] Westlund 2017, s. 50 f.

[154] Militieräkningar 1568/17, fol. 3 r., KrA; Militieräkningar 1570/15, KrA.

[155] GR 5, s. 189; VH 1557:1, RA.

[156] VH 1561:3, tl, RA; Drakenbergska samlingen, dombrev utfärdat på landstinget i Karlstad 1/7 1594, ÖSA. Jfr Elgenstierna 1925–36, 9, s. 260; Almquist 1960, s. 336 f.

Björkegenealogins historiografi

I försöken till utredningar om ätten Bratts äldre led har tyngdpunkten legat på den gren som kom att introduceras på riddarhuset och som härstammar från Ivar Nilssons bror Per Nilsson på Höglunda. Johan Otto Åkerstein har i sina genealogier i riddarhusets arkiv[157] och i sin skrift om ätten Bratt af Höglunda (1765) en i de äldsta delarna fritt komponerad släktlinje för Höglundagrenen, senare under 1700-talet upprepad av Fridrik Fryxell i hans handskrift Wärmelands Slägte-Bok.[158] Den agnatiska släktledningen utgår från den 1456 adlade fogden Nils Bratt – Åkerstein kallar honom "Landtvärns Man" i Värmland, en i sammanhanget götisk titel, avseende 'hövding' e.d.,[159] härefter upprepad av både Fryxell och Fernow – men sedan följer sju led med uppdiktade personer, som efter varandra skall ha varit herrar till Höglunda i vardera 20–30 år. Först med den påstådda åttonde generationen efter Nils Bratt följer de på riddarhuset introducerade bröderna Nils och Per Jönssöner Bratt af Höglunda. Björkegrenen däremot var helt obekant för både Åkerstein och Fryxell.

Åkersteins skrift[160] var författad på uppdrag av kornetten Carl Gustaf Bratt, som var sonsons sonson till en Hans Bratt i Mariestad och nära släkt med assessorn Johan von Bratt, som hade adlats 1720 (under drottning Ulrika Eleonoras nobiliseringskampanj) men som avled 1735 utan att efterlämna någon son och som därmed själv slöt sin ätt. Anders Anton von Stiernman hade i sin adelsmatrikel (1754–55) hävdat att ätten von Bratt (nr 1733) hade samma ursprung som den gamla, adliga Bratt-släkten men "kom af sig i Konung Christierns tyrans tid, slog sig sedermera til studier och handel, och ifrån Konung Carls den IX. tid, då Mariestad anlades, wistats och bodt derå orten".[161] Carl Gustaf Bratt lyckades hos ledande företrädare för släkten Bratt af Höglunda få gehör för samma ståndpunkt, varvid han å huvudmannens vägnar företrädde ätten på riksdagar under 1750- och 1760-talen. Andra hyste dock uppfattningen att släktskapet inte var bevisat, vilket slutligen fick till följd att Carl Gustaf Bratt och hans bror förklarades inte ha kunnat visa att de härstammade från släkten Bratt af Höglunda och således saknade rätt till säte och stämma på riddarhuset intill dess de unnades kungens renovation på det påstådda adelskapet, något som aldrig skedde. Stiernmans tes om släkten von Bratts ursprung var endast en lös

---

157 Åkersteins genealogier, 3, RHA.
158 Fridrik Fryxell, Wärmelands Slägte-Bok, tab. 34–35, KB. Vad gäller adliga släkter hänvisar Fryxell i sitt företal till tabeller utarbetade av bl.a. Åkerstein.
159 Jfr SAOB, lantvärnsman.
160 Åkerstein 1765.
161 Stiernman 1754–55, 2, s. 1337 f.

34

gissning – men den upprepas ännu i Elgenstiernas ättartavlor (1925)[162] – och Carl Gustaf Bratt lyckades i sin partsinlaga med Åkersteins bistånd inte komma närmare det åtrådda resultatet än att förfadern Hans Bratt skulle vara "samtida med Hr. Jöns Nilsson till Höglunda vid år 1590", en obekant person, men med vilken i bästa fall avses den ovannämnde Jöns Persson till Höglunda.[163]

Med Fernows besök i Ivarsbjörke 1770 och de avskrifter och noteringar han då gjorde av flera brev som förvarades där blev läget långsamt annorlunda. I ett brev till Carl Fredrik Mennander (Fredenheim) från 1771 konstaterar Fernow själv apropå Mats Bratts brev från omkring år 1500 att detta visar att släkten Bratt haft flera grenar än den som "står utsatt på Slägtetaflan", varmed väl avsågs Åkersteins skrift.[164] I sin Värmlandsbeskrivning, vars aktuella del trycktes 1773, har han också i någon mån tolkat de av honom kända Björkepapperen ur ett genealogiskt perspektiv.[165] Den Mats Bratt, som 1507 sålde Björke menade han var en son till fogden Nils Bratt, som var densamme som 1480 gav Gruvön i morgongåva till Margit Ivarsdotter. I brevet till Mennander (Fredenheim) från 1771 hade han emellertid betecknat Nils Bratt som omnämns 1480 som en son till "Bratternas Stamfader", d.v.s. fogden Nils Bratt, och ännu i ett brev från 1777 till samma adressat var Fernow inne på samma spår: morgongåvobrevet avsåg antingen fogden Nils Bratts andra äktenskap eller dennes son med detta namn.[166] En annan son till fogden Nils Bratt var enligt Värmlandsbeskrivningen "Jöns til Höllene", som blev "Swensk Stamfader för den adeliga Bratte-Slägten", en från Åkerstein hämtad figur, som skulle ha "lefvat år 1470". Om Karl Bratt, som omnämns i brevet från 1469, uttalade sig Fernow inte närmare än vad som detta självt medger, d.v.s. att Karl Bratts syster Margareta var gift med Håkan Tordsson. Den som 1509 förvärvade Björke, Ivar Nilsson, menade han däremot tillhörde släkten Bagge. Han avslöjade inte hur han hade kommit fram till denna ogrundade uppfattning, men möjligen byggde den helt enkelt på förekomsten av namnet Ivar bland i Värmland senare bosatta medlemmar av släkten Bagge af Söderby.

Fernow konstaterade att Björke hade varit ett ansenligt "Odalgods" och summerade dess äldre ägarhistoria med påståendet att det åtminstone under någon tid hade

[162] Elgenstierna 1925–36, 1, s. 579.
[163] Jfr Almquist 1960, s. 337. I sina otryckta genealogier trodde sig Åkerstein däremot kunna bevisa att Carl Gustaf Bratt var sonsons sonson till den ovannämnde Per Jönsson Bratt af Höglunda, ett hugskott som senare blev ratat (Åkersteins genealogier, 3, RHA).
[164] Fredenheimska samlingen, brev från Erik Fernow 5/6 1771, KB.
[165] Fernow 1773–79, s. 262 f., 297 not e, 298 med not g (Fernow 1977, 1, s. 97, 109 med noterna 402 och 405).
[166] Fredenheimska samlingen, brev från Erik Fernow 5/6 1771, 24/6 1777, KB.

hört till släkterna Bagge, Bratt och sist Vinge. Den härvidlag imaginära släkten Bagge förekommer också i en kommentar som Fernow har gjort till avskriften i Archivum Wermelandicum av 1480 års morgongåvobrev, där han föreger att Margit Ivarsdotter "varit en Bagge ifrån Björke".[167] Tydligen medförde hennes fadersnamn att hon för Fernow, som inte sällan hemföll åt godtyckliga kombinationer, kom att tillhöra samma fädernesläkt som den av honom själv konstruerade "Ivar Nilsson Bagge". Han ägde inte kunskap om någon källa som klargjorde det verkliga släkt-skapsförhållandet mellan dem, och i dess ställe betraktade han antagligen Margit som en dotter till Ivar (att han skulle ha laborerat med möjligheten att Ivars på-stådda Bagge-namn inte skulle ha en agnatisk bakgrund förefaller vara uteslutet). Vad gäller hans uppfattning att släkten Vinge ägt Björke byggde den helt på 1507 års brev och den då aktuelle köparen, som Fernow på grund av namnet "Olof Björnsson" förde till denna släkt. Värmlandsfogden Olof Björnsson var obekant för Fernow, men Värmlandslagmannen Olof Björnsson (Vinge) kände han till, och fastän han fann att denne måste ha "lefwat ganska länge" om han skulle vara den-samme som köpte Björke 1507 och som avrättades vid Stockholms blodbad 1520 vidhöll han sin identifiering.[168] "Åtminstone war den sednare ock en Winge" påstod Fernow om den vid blodbadet avrättade Olof Björnsson, trots att redan Stiernman i *Swea och götha höfdinga-minne* (1745) – ett arbete som Fernow annars nyttjade – hade konstaterat att denne Olof Björnsson "skall icke göras til en och samma Man med R. R. och Warimanna Lagmannen Herr Olof Biörsson, som i Wapn förde en Winge".[169] Tilläggas kan att Olof Björnsson (Vinge) omnämns som varande i livet sista gången i ett köpebrev daterat 26 januari 1495 och hade 1497 efterträtts av sonen Nils Olofsson som Värmlands lagman.[170] Som ett exempel på den länge (och delvis ännu) förekommande okritiska tilltron till Fernows Värmlandsbeskrivning bland landskapets hembygdsskildrare kan i detta fall tjäna en artikel av Linus Brodin från 1920-talet i vilken "Olof Björnsson av Vinge-släkten" och "Ifvar Nilsson av Bagge-släkten" upptas som ägare till Björke; med fog tycker sig Brodin därför kunna tala om "det gamla, vackra godset, 'Baggers, Brattars och Wingers Björke'".[171]

I en släkttavla för ätten Bratt, upprättad i början av 1800-talet (daterad 1823) av den till riddarhuset knutne Nils Wilhelm Marks von Würtemberg, upptas efter Fernows

---

167 KSLB, AW 2, pag. 445, FAV.
168 Fernow 1773–79, s. 266 (Fernow 1977, 1, s. 98). Se även KSLB, AW 2, pag. 431, FAV.
169 Stiernman 1745, s. 20.
170 Gillingstam 1965, s. 212; Nilsson 1997, s. 157 f., 158 f. Gillingstam uppger att Nils Olofsson omnämns som lagman i Värmland fr.o.m. 1498, men så är fallet redan i ett fastebrev för Rör i Väse socken från 1497.
171 Brodin 1923, s. 31 f., 35.

Värmlandsbeskrivning Margit Ivarsdotters giftermål med Nils Bratt, som därmed – och av flera senare genealoger – identifieras med den adlade fogden. Från Fernow emanerar också antagandet att "Matts Nilsson Bratt till Björke i Fryxdalen 1507" var son till fogden Nils Bratt. Denna uppgift har dock senare överstrukits och i stället har Marks von Würtemberg valt att anknyta till Åkersteins bedrägliga genealogi för Höglundagrenen genom att placera Mats Bratt som bror till en fiktiv "Thorbjörn Nilsson Bratt till Höglunda" med det hos Åkerstein tillyxade årtalet "1530". Därav följde att Mats blev en sonsons sonson (!) till fogden Nils Bratt.[172] Några decennier senare upprepades denna förvillelse inte oväntat i Gabriel Anreps tryckta ättartavlor (1858).[173]

I en artikel av Nils Gabriel Djurklou från 1890 har Mats Bratt emellertid återfått en närmare förbindelse med fogden Nils Bratt; han upptas här som en trolig son till denne i ett antaget äldre gifte men kan i stället ha varit en son till Karl Bratt, vilken tycks ha varit en bror till Nils. I (ett senare) äktenskap var Nils Bratt gift med Margit Ivarsdotter med vilken han hade sönerna Per Nilsson till Höglunda och Ivar Nilsson till Rottneros. Varför Djurklou här, och tidigare i en artikel från 1882, kallar fogden "Nils (Svensson) Bratt" är obekant;[174] denne benämns aldrig på detta sätt i någon känd källa.

I Gustaf Elgenstiernas ättartavlor (1925) återkommer uppfattningen att Karl Bratt och Nils Bratt lär ha varit bröder medan Mats Bratt i brevet från 1507 antas ha varit en son till Karl. Elgenstierna upprepar efter Djurklou "Nils (Svensson) Bratt" som namnet på fogden, gift (i ett senare äktenskap?) med Margit Ivarsdotter. Deras barn var Per Nilsson till Höglunda och Ivar Nilsson till Rottneros.[175]

Vad gäller Björkegrenen hade släktutredarna hittills sysselsatt sig främst med Mats Bratt i 1507 års brev. Ivar Nilsson tilldelades ju av Fernow felaktigt släktnamnet "Bagge" men i Djurklous och Elgenstiernas Brattgenealogier förekommer även Ivar Nilsson, dock utan ättlingar. Hans sätesgård Rottneros enligt 1509 års köpehandlingar tycks dock ha fått dem att tro att han även fortsättningsvis var bosatt där trots förvärvet samma år av Björke. Också i Carl Gustaf Styffes handbok *Skandinavien under unionstiden* (2:a och 3:e uppl. 1880 respektive 1911) upptas

[172] Marks von Würtembergs genealogier, Levande, 2, pag. 136 f., RHA. Av misstag anges här "1550" som årtal för "Thorbjörn Nilsson Bratt", vilket har medfört att steget till nästa generation har blivit endast tio år, men flera av de från Åkersteins släkttavla hämtade årtalen har i ett senare skede strukits.

[173] Anrep 1858–64, 1, s. 299.

[174] Djurklou 1882, s. XXV med not 2; Djurklou 1890, s. 19 med not 2.

[175] Elgenstierna 1925–36, 1, s. 574. Rättelser och tillägg till redogörelsen för släkten Bratt af Höglunda ibid., 9, s. 260 berör endast Per Nilsson och hans ättlingar.

endast Rottneros som sätesgård för väpnaren Ivar Nilsson (Bratt)[176] medan Björke inte omnämns alls.

Ett bärande inslag i Helmer Bratts verk *Några anteckningar om släkten Bratt från Brattfors och med den sannolikt befryndade släkter med namnet Bratt* (1951) är anknytningen till försöken att bevisa den från Brattfors stammande borgerliga Brattsläktens härstamning från frälsesläkten Bratt af Höglunda. Anlinjen till Brattforssläktens stamfar, brukspatronen Anders Andersson († 1677) i Brattfors, vilkens barn kallade sig Bratt, uppges bl.a. här[177] sträcka sig från fogden Nils Bratt via en "Anders Nilsson till Höglunda", som skall ha varit farfar till Anders Andersson. Den apostroferade "Anders Nilsson", som Helmer Bratt förmodar var en son till den ovannämnde Nils Persson i Skärsmyr[178] – om denne och hans *kända* barn enligt en samtida handskrift, se ovan –, saknas i Åkersteins fabelaktiga genealogi och var okänd också för Fryxell, som inleder sin redogörelse för släkten "Bratt af Brattfors [!]" med Anders Anderssons far, handelsmannen "Anders Bånge" i Brätte.[179] Däremot hade han figurerat i samma ärende hos Fernow, i en släkttavla upprättad 1783 (där fogden, "Landtvärnsmannen", Nils Bratt helt plötsligt och omotiverat har försetts med fadersnamnet "Persson"), men "Anders Nilsson till Höglunda" placeras av Fernow liksom av senare apologeter som son till den hos Åkerstein upptagne "Nils Gustafsson",[180] en förment sonsons sonsons sonson (!) till fogden Nils Bratt. Bevisföringen är i alla delar skral och släkten Bratt från Brattfors har följaktligen, trots flera försök, inte fått gehör för sina bemödanden att få inträde på riddarhuset.[181] "Nils Gustafsson" är en uppdiktad gestalt och det samma gäller uppenbarligen om den här berörde "Anders Nilsson till Höglunda"; någon med detta namn på denna sätesgård vid denna tid (senare hälften av 1500-talet och början av 1600-talet) kan inte beläg-

---

[176] Styffe 1880, s. 152; Styffe 1911, s. 190. I 1:a uppl. (1867) saknas denna uppgift.

[177] Så även i det välrenommerade referensverket *Svenskt biografiskt lexikon*, om än med välmotiverade förbehåll (Påhlman 1926).

[178] Bratt 1951, s. 53, 66–69, bil. 7.

[179] Fridrik Fryxell, Wärmelands Slägte-Bok, tab. 36, KB.

[180] Bratt 1951, s. 59, 66, bil. 2. Se även ibid., bil. 4 och 5, "attester" eller "intyg" utfärdade 1823 av komministern i Brattfors A. G. Ekström respektive vice pastorn i Sunne Bengt R. Piscator. Att Helmer Bratt (1951, s. 66–68; 1966, s. 10–12) tillmäter dessa båda senare, aparta aktstycken bevisvärde i släktskapsfrågan understryker det dilettantiska draget.

[181] Se redogörelser i Bratt 1951, s. 57 ff. och Bratt 1966, s. 9–11.

gas i källorna.[182] Notabelt är att i sin handskrift Philipstads Slägter[183] inleder Fernow släkttavlan för släkten Bratt med den nämnde borgaren i Brätte, här benämnd "Anders Andersson", vilken skall ha varit far till brukspatronen Anders Andersson i Brattfors, men utan antydningar om att dessa skulle härstamma från frälsesläkten. På ett annat blad i samma volym har han däremot mer skissartat ritat upp anlinjer för frälsesläkten Bratt från 1600-talets mitt och fram till sin egen tid, och som inledning skrivit av Åkersteins konstruerade räcka fr.o.m. "Nils Bratt 1456" t.o.m. "Jöns [Nilsson] 1605". Till denna har han emellertid, och än så länge försiktigtvis (inom parentes), lagt till namnet "Anders", som tydligen skall betraktas som en åstundad broder till "Jöns [Nilsson] 1605". Så småningom skulle denna tankelek växa ut till den släkttavla som han signerade 1783.

Redan i en insändare i *Lärda Tidningar* 1768, föranledd av Åkersteins skrift, hade Fernow hävdat att släkten Bratt från Brattfors torde räkna "Nils Bratt til Höglunda" (= fogden) som sin stamfar men det skedde här endast med hänvisning till ett mål vid Jösse häradsrätt i september 1689 i vilket en av brukspatronen Anders Anderssons mågar, jägmästaren Anders Molithæus, sökte rätt att få inlösa Vik i Arvika socken, som tidigare hade varit sätesgård för den ovannämnde Per Jönsson Bratt af Höglunda. "Jag tror ock, at Molithæus wann, som ej lärer kunnat ske om han icke haft rätt at påstå",[184] sammanfattade Fernow, och menade därmed tydligen att förvärvet kunde ske på grund av den bördsrätt som skulle ha tillkommit Molithæus' svärfar Anders Andersson, som han dock som person betraktade som en uppkomling ("tjänte sig up, til dess Han blef en myndig Bruks-Patron").[185] Av det aktuella målet framgår emellertid att det tvärtom var "å sin Swärmoders wägnar" som

---

[182] Däremot hette ägaren till Höglunda i ett senare skede Anders Nilsson Bratt, men denne, som avled 1679, upptas i sitt rätta sammanhang på Fernows släkttavla; jfr Fernow 1773–79, s. 766 not d (Fernow 1977, 1, s. 376 not 1154).

[183] KSLB, Biografi och genealogi, 6, FAV. — Ytterligare ett Fernowskt påhitt i anslutning till Åkersteins uppräkning, satt inom parentes i denna handskrift och upprepat utan reservationer i släkttavlan från 1783, är att den uppdiktade "Nils Gustafsson 1580" skall ha varit gift med "Torstens *dotter* i strand Jngiel" eller som det uttrycks i det senare arbetet: "var gift med Ingjäl Torsten Rahms dotter från Strand i Värmskogs Sockn à vapn 1530". Därmed avses alltså en fiktiv dotter till den Torsten Salomonsson från Strand i Brunskogs socken (inte S. i Värmskogs socken, inte heller S. i Älgå socken, härom se Westlund 2008, s. 11 f. med not 30, 15 med not 76), vilken erhöll sköldebrev 1525 och som var gift och verksam i Finland (om honom och hans familj, se Ramsay 1909–16, s. 324 f.; jfr också de samtida noteringarna i De la Gardieska samlingen, Släktarkiven, Ekeblad, 1, fol. 20 r., LUB samt t.ex. Fridrik Fryxell. Wärmelands Slägte-Bok, tab. 201, KB). Torsten Salomonssons släktnamn skrivs i litteraturen vanligen "Ram" men antagligen oegentligt – ätten utslocknade på 1590-talet men varken Torsten Salomonsson eller hans söner kan beläggas ha använt namnet, däremot ättlingar till hans dotter, vars son, då han adlades, upptog morfaderns sköldemärke, vilket i sig självt inte kan ha gett upphov till namnet "Ram".

[184] Fernow 1768, s. 161 f. Jfr Fernow 1773–79, s. 263 not ll (Fernow 1977, 1, s. 324 not 356).

[185] Om det senare, se även Fernow 1773–79, s. 699 not q (Fernow 1977, 1, s. 365 not 1003).

Molithæus uppträdde som ombud; hon var "af dän Brattiske Familien, och menandes sigh imedlertijdh wara närmare till Wijk ähn någon af Roosarne [= släkten Roos af Hjelmsäter], Emedan Wijk hade kommit Brattar till"[186] – svärmoderns moder, alltså mormodern till Molithæus' hustru, var dotter till den nämnde Per Jönsson. Målet hade således ingenting att skaffa med brukspatronen Anders Anderssons härstamning.[187]

Vad som främst intresserar Helmer Bratt är således Höglundagrenen men hans framställning inrymmer även ställningstaganden som berör Björkegrenen. Också Helmer Bratt accepterar här utan omsvep Djurklous obevisliga påstående att Nils Bratt skall ha haft fadersnamnet "Svensson". Vad beträffar Mats Bratts härkomst håller han det för troligast att denne var en son till fogden Nils Bratt i hans antagna första äktenskap men garderar med dennes förmodade broder Karl Bratt. I det andra äktenskapet, "klart dokumenterat", med Margit Ivarsdotter, hade fogden Nils Bratt sönerna Per och Ivar Nilssöner. Margit Ivarsdotter skall tidigare ha varit gift med "en annan Nils Svensson" men Helmer Bratt talar inte om varifrån han rekryterat denne nykomling. Liksom Djurklou och Elgenstierna skriver också Helmer Bratt Ivar Nilsson till Rottneros i överensstämmelse med köpebreven från 1509, men antar därtill att det av honom samma år förvärvade Björke senare troligen återköptes av Mats Bratt, då denne sannolikt är identisk med den Mats Bratt som 1526 fick kungens fridsbrev. En viss utökning av persongalleriet i Björke sker i Helmer Bratts framställning, men han är oviss om Mats Bratt 1507 är samma person som Mats i Björke i jb 1540–50, likaså om Olof i Björke i jb 1551 är en son till den senare. Vidare antas att den "Jöns Ivarsson" som 1562 ägde Gruvön var en son till Ivar Nilsson.[188]

I ett supplement till sin släktutredning (1966) vidhåller Helmer Bratt sin uppfattning att Brattforssläkten skall härstamma från den mystiske "Anders Nilsson till Höglunda" men är numera osäker på om denne var en son till Nils Persson i Skärsmyr eller till Fernows (från Åkerstein emanerande) "Nils Gustafsson". Med hänvisning till Hougens artikel från 1954 uppdaterar han i enlighet med dennes förslag[189] det från Djurklou hämtade, obekräftade fadersnamnet "Svensson" för fogden Nils Bratt till det likaså obestyrkta "Steensson" för att åstadkomma släktskapet med norrmannen Steinar Eysteinson Bratt. Av större intresse för Björkegrenens vidkommande är att Helmer Bratt i supplementet upptar följande barn till Ivar Nilsson "till

---

[186] Jösse häradsrätt AIa:2, fol. 306 r., VA.
[187] Se även Bratt 1951, s. 76 f., 110 f.
[188] Bratt 1951, s. 35 ff., 47 ff. samt bil. 7.
[189] Hougen 1954, s. 288.

Rottneros": "Jöns Ivarsson", ägde Gruvön 1562; Mats Ivarsson, länsman i Fryksdals härad; Olof Ivarsson, likaså länsman i Fryksdals härad; Ingeborg Ivarsdotter.[190]

Också i en artikel i *Släkt och hävd* 1973 av Gunnar Norlin[191] står Brattforssläktens föregivna härstamning från frälsesläkten i centrum men medan Fernow och Helmer Bratt sökte förbinda de båda släkterna via ättlingar till Per Nilsson till Höglunda tar Norlin sin tillflykt till Björke. Hos Norlin kommer Fernows uppfattning om Ivar Nilssons släkttillhörighet åter till heders. Utan anförda skäl anser Norlin att "Ivar Nilsson till Rottneros måste utmönstras ur ätten Bratt" och uppger att han skall ha varit född i Margit Ivarsdotters påstådda första äktenskap med en viss Nils Svensson, som ju även Helmer Bratt nämner som hastigast och som väl har uppfunnits via Djurklous konstruktion "Nils (Svensson) Bratt" men som alltså skall ha tillhört en annan släkt. Fernows släktnamn "Bagge" för Ivar Nilsson är nog "inte utan grund", tillägger Norlin. Fogden Nils Bratt tilldelar Norlin däremot fadersnamnet "Stensson" som en konsekvens av Hougens lockande släktledning. Även i övrigt präglas Norlins artikel av godtycke. Lösa antaganden ger upphov till ytterligare gissningar i flera led för att önskat resultat skall åstadkommas. Den Mats Bratt som omkring år 1500 skänkte en kvarnström till sin guddotter finner Norlin vara identisk med "Matts Bratt" i jb 1540 och vad hans härstamning beträffar "måste" han vara en son till fogden Nils Bratt. Med stöd av 1507 års brev och den (efter Fernow) felaktiga uppfattningen att köparen av Björke då var den värmländske lagmannen Olof Björnsson (Vinge) anser Norlin vidare att Mats Bratt troligen var gift med en dotter till denne och att Björke "genom arv gått tillbaka till dottern senast 1526," då Mats Bratt åter är skriven för Björke (därmed avses det ovannämnda fridsbrevet) och där han återfinns ännu 1550. Som framgått var den verklige köparen 1507 fogden Olof Björnsson (halvmåne), vilken 1511 lämnade Värmland för att tillträda befattningen som fogde på Stockholms slott. Det är obekant om han var gift under sin tid i Värmland, men omkring 1515 ingick han i Stockholm äktenskap med Lucia Bengtsdotter (sparre över blad) och efter hennes död 1516 var han gift med en annan frälsekvinna, Margareta Knutsdotter.[192] Några ättlingar till honom tycks inte vara kända.

Norlin konstruerar också avkomlingar till Mats Bratt eller "Matts Nilsson", som han stundtals får heta, och tvekar inte att låta dessa nyskapelser så småningom utflytta till avlägsna orter utan känd förbindelse med Björke. En tradition om

---

[190] Bratt 1966, s. 5 ff. samt bil. 2 med not 5.
[191] Norlin 1973.
[192] Liedgren 1959, s. 19 f. med not 25. Om Margareta Knutsdotter, se också Almquist 1965, s. 269, 276.

Mariestadssläkten Bratts "samhörighet" med ätten Bratt af Höglunda tas till intäkt för att "Matts Nilsson" "bör" ha haft en son "Lars", som i så fall "måste" ha varit far till Hans Larsson Bratt, äldste kände anfadern för Mariestadssläkten, varvid Norlin anknyter till Åkerstein, vilken dock, som framgått, hade nöjt sig med att hävda att Hans Bratt var "samtida med Hr. Jöns Nilsson Bratt till Höglunda vid år 1590". Olof i Björke i jb 1551 känner Norlin tydligen från Helmer Bratt, men i motsats till sin föregångare utnämner han utan förbehåll Olof till ännu en son till "Matts Nilsson". Den härigenom tillskapade "Olof Mattsson Bratt" "måste", enligt Norlins fortsatta resonemang, i sin tur ha varit far till en Anders Olsson, som blev borgare i Nya Lödöse och som skall ha varit farfars far till bl.a. brukspatronen Anders Andersson i Brattfors. Den borgerliga släkten Bratts härstamning från frälsesläkten Bratt var därmed fabricerad.

Ett betydelsefullt bidrag till kunskapen om Värmland under medeltiden är Halvar Nilssons bok *De värmländska medeltidsbreven* (1997)[193] med regester av brev rörande Värmland t.o.m. 1520, vilka har försetts med kommentarer, som i vissa fall är ganska omfattande. I Nilssons utgåva förekommer sammanfattningar av samtliga kända medeltida brev med anknytning till släkten Bratt i Värmland; han har också uppmärksammat det ena av de två breven från 1531. I sina kommentarer berör Nilsson även vissa genealogiska spörsmål. Nils Brattason och fogden Nils Bratt är uppenbarligen en och samma person, och Karl Bratt var tydligen en bror till denne. Nils Bratt i 1480 års morgongåvobrev är knappast identisk med fogden Nils Bratt utan en son till honom. Den yngre Nils Bratt är far till Per Nilsson och Ivar Nilsson, medan Sven Persson och Per Ivarsson, vilka omtalas i 1531 års dombrev, lär vara söner till dessa. Halvar Nilsson berör däremot inte på vilket sätt Mats Bratt som omnämns i Björke i början av 1500-talet kan ha varit befryndad med övriga av samma släkt.

I ett par inlägg på hemsidan Anbytarforum från åren 1999 och 2000 redogör Marcus Boman för sin uppfattning om Ivarsbjörke och släkten Bratt.[194] Inläggen anknyter till bl.a. Helmer Bratt och Halvar Nilsson men baseras också på egen arkivforskning. Enligt det senare inlägget skall fogden Nils Bratt ha varit en bror till Karl Bratt och Margareta Bratt. Fogden Nils Bratt skall ha varit far till den yngre Nils Bratt och Mats Bratt, som omnämns i början av 1500-talet. Nils Bratt den yngre var vidare far till Ivar Nilsson och Per Nilsson, medan Ivar Nilsson var far till Mats Ivarsson och Olof Ivarsson i Björke liksom till Ingeborg Ivarsdotter (omnämnd ca

[193] En första upplaga utkom 1995, utgiven av Högskolan i Karlstad (Arbetsrapport, Samhällsvetenskap, 95:11).
[194] Boman 1999–2000.

1500), "Jöns Ivarsson" (omnämnd 1562) och Per Ivarsson (omnämnd 1531). Som den förste pekar Boman på att ett släktmässigt samband uppenbarligen förelåg mellan ägarna till Ivarsbjörke och dem som på dess ägor upptog fyra avgärda hemman i slutet av 1500-talet. Bomans inlägg är försiktigt resonerande; släktledningarna betecknas i flera fall som antagna då fullödig bevisning saknas. Vad gäller Olof Ivarsson uppger Boman att denne benämns endast Olof i Björke i de källor som han har använt sig av. Han menar vidare att Mats och Olof i kvarnskattlängderna från 1570-talet och framåt skulle kunna vara söner till Olof Ivarsson respektive Mats Ivarsson. Som ovan framgått ger kvarnskattelängden från 1577 belägget för att Olof i Björke verkligen hette Olof Ivarsson. Det är också denne Olof som framgent upptas i dessa längder men alltså utan att detta säger någonting om hur länge han levde. Det är vidare högst sannolikt att den Mats som förekommer i samma material är identisk med Mats Ivarsson; något annat alternativ finns knappast.

David Myreheds skrift *Medeltid i Bierka och Swnd* (2013) är till större delen ägnad åt Ivarsbjörke och några av dess grannhemman men måste betecknas som ett i långa stycken oseriöst alster. Med stöd av luftiga spekulationer utmålas Björke av Myrehed som en mycket betydelsefull plats i ett avlägset förflutet. För ett något senare skede bygger han vad gäller själva underlaget i väsentlig mån på Halvar Nilssons *De värmländska medeltidsbreven*, i viss mån också på Marcus Bomans inlägg på Anbytarforum. Myrehed återger inte alltid de åberopade källorna på ett riktigt sätt.[195] Betydligt allvarligare är dock att han utfyller även denna del av framställningen med åtskilligt som presenteras som fakta men som inte är annat än fria fantasier.[196]

Fogden Nils Bratt tilldelas även hos Myrehed fadersnamnet "Stensson" och påstås ha varit en son till en Steinar i Gudbrandsdalen (jfr ovan). Om Nils Bratts giftermål sägs råda oklarhet, men Myrehed har "fastnat för" att han skulle vara svärson till en viss "Tord Håkansson av Läma-Hjorthornssläkten", vilken därtill skulle vara far till den Håkan Tordsson, som var gift med Margareta Bratt. Myrehed förklarar inte hur han har kommit fram till denna slutsats men förekomsten av namnet Läma går förstås tillbaka på Fernows förvillande Rottnerosspekulationer. Dessutom tycks en "Tord Håkansson" med släkt- eller tillnamnet Läma vara en i övrigt helt okänd gestalt.[197] Lämafascinationen ger sig tillkänna också i Myreheds försök att tolka Ulvsbjörke, namnet på det ödetorp som figurerar i 1507 och 1509 års jordaffärer. Ortnamnet skulle kunna vara givet efter Ulf Håkansson (Läma), menar

---

[195] Se bl.a. den orediga redogörelsen för Ivar Nilssons och hans brors släktskap med Cecilia Månsdotter (Natt och Dag) i Myrehed 2013, s. 41 f.
[196] För följande exempel, se Myrehed 2013, s. 28, 32 f., 34 f., 41–43, 47, 49–53, 57.
[197] Jfr Gallén & Liljeholm 1957, s. 76 ff.

han, men de båda frälsemän med detta namn som är kända saknar all känd anknytning till Värmland.[198] På samma obefintliga grund förser han Nils Bratt den yngre med två äktenskap. Denne skall nämligen enligt Myrehed först ha varit gift med en "Birgitta Pedersdotter", som skall ha varit dotter till väpnaren Peder Germundsson, vilken 1435 bytte till sig en del av Rottneros från prästgården i Sunne. En frukt av detta äktenskap skall ha varit Mats Bratt, som omnämns i breven från början av 1500-talet. Uppgiften om jordbytet har Myrehed hämtat från Halvar Nilssons regestutgåva[199] men det övriga är fiktion – ingenting är känt om Peder Germundssons eventuella ättlingar. En annan dotter till Peder Germundsson var emellertid enligt Myreheds fortsatta diktning Ragnilla Pedersdotter, som var gift med den värmländske lagmannen Olof Björnsson (Vinge). Fakta i målet är däremot att Ragnillas föräldrar var den västgötske frälsemannen Peder Stigsson och hans hustru Ingeborg Arvidsdotter, vilket framgår av Hans Gillingstams utredning om ätten Vinge.[200] Myrehed uppger vidare att Mats Bratt, som omnämns i breven från början av 1500-talet, skall ha varit gift med en dotter till Olof Björnsson (Vinge) och i så fall med sin kusin. Återigen rör det sig om ett påstående som är gripet ur luften; ingen uppgift föreligger i kända källor om en sådan dotter.[201] Vad gäller Mats Bratt anser Myrehed lika oriktigt att denne sannolikt är identisk med frälsemannen Mats i Björke i jb 1540, vilken därmed inte skulle vara en och samma person som länsmannen Mats Ivarsson. Ivar Nilsson, som enligt Myrehed skall ha varit en halvbror till Mats Bratt, hade barnen Mats, Olof, Peter, Jöns och Ingeborg av vilka de två förstnämnda bodde i Björke, men Mats skall enligt Myreheds uppfattning tydligen ha varit död redan omkring 1550 då Olof i stället är skriven för Björke. Även i denna del motsäger källorna Myreheds påståenden på flera punkter.

Nämnas kan också att Myrehed åsätter Ivar Nilsson släktnamnet Liljeörn, alternerande med det fritt konstruerade "Liljeörn (Bratt)". Skälet är tydligen att Ivar Nilsson liksom brodern Per beseglade 1509 års köpebrev med ett sigill som visar ätten Liljeörns vapen, något som klargörs i Halvar Nilssons kommentarer i regestutgåvan.[202] Användningen av mödernevapnet, åtminstone i dessa brev, skulle kunna ha haft sin grund i att de båda bröderna hade ärvt de där berörda godsen genom sin möderneslskt; det skulle på så sätt vara ett exempel på företeelsen "vapnet

---

[198] Gallén & Liljeholm 1957, s. 79, 81.

[199] Nilsson 1997, s. 102 f. Se vidare Skoglund 1922, s. 291–294, 301 f.

[200] Gillingstam 1965, s. 212.

[201] Två barn till Olof Björnsson (Vinge) och hans hustru är kända, den ovannämnde lagmannen i Värmland Nils Olofsson och hans bror Peder, som omnämns som levande endast i ett brev daterat 22/6 1487, se Gillingstam 1965, s. 212.

[202] Nilsson 1997, s. 171.

följer godset".[203] Det är i vilket fall som helst ovisst om de båda bröderna alltid nytt-jade ett sigill som visade mödernevapnet;[204] sigillet med vilket Ivar Nilsson har be-seglat brevet då han samma år bytte till sig Björke har betecknats som otydbart.[205]

Sammanfattning I:
Ivar Nilsson, hans äldre släktingar och barn

Vad som är känt om Björke eller Ivarsbjörke under 1400- och 1500-talen är alltså i korthet följande. Karl Bratt sålde 1469 sin del i Björke till sin syster Margareta och hennes make Håkan Tordsson. Omkring år 1500 bodde Mats Bratt i Björke, vilken vid denna tid skänkte en kvarnström där till sin guddotter Ingeborg Ivarsdotter. Samme Mats Bratt sålde 1507 Björke till fogden i Värmland Olof Björnsson (halv-måne). Två år senare, 1509, bytte Ivar Nilsson till sig Björke från Olof Björnsson. Ivar Nilsson var död 1531. Av hans barn bodde i varje fall Mats och Olof Ivarssöner i Björke. Mats Ivarsson betecknas åtminstone ännu 1542 som frälseman. Han är säkerligen identisk med den Mats Ivarsson, som 1546 var länsman i Fryksdals härad. I det sporadiskt bevarade källmaterialet omnämns också hans bror Olof Ivarsson som ägare i Björke från denna tid. Han är å sin sida säkerligen identisk med den Olof Ivarsson som uppräknas bland nämndemännen i Fryksdals härad 1546 och var senare, efter brodern, häradets länsman; han innehade ämbetet i varje fall 1551 och avgick från posten 1575. Även Mats Ivarsson levde ännu på 1570-talet. Björke var fortfarande 1586 delat i endast två enheter. Hemmansnamnet Ivarsbjörke, givet efter Ivar Nilsson, är belagt fr.o.m. mitten av 1560-talet men användes länge parallellt med det äldre Björke.

Ivar Nilsson tillhörde på fädernet släkten Bratt och på mödernet släkten Lilje-örn; det framgår främst av 1509 års köpehandlingar jämförda med 1480 års morgongåvobrev. Hans föräldrar var väpnaren Nils Bratt den yngre och Margit Ivarsdotter (Liljeörn), hans farfar Nils Bratt den äldre, som var fogde i Värmland under några år på 1450-talet och som adlades 1456, hans morfar väpnaren Ivar Jöns-son (Liljeörn), hans morfars far väpnaren Jöns Gudleksson.

---

[203] Härom se Rahmqvist 1989, s. 252 med not 56.
[204] Jfr Janzon 2015, s. 7 f.
[205] Nilsson 1997, s. 172.

45

Ivar Nilsson var säkerligen släkt med Karl Bratt (omnämnd 1469), dennes syster Margareta (omnämnd 1469), gift med Håkan Tordsson (omnämnd 1468–87), samt med Mats Bratt, som bodde i Björke i början av 1500-talet och kanske ännu 1526, men det då utfärdade fridsbrevet skulle också kunna avse Ivars son Mats Ivarsson eller möjligen någon helt annan person. På vilket sätt Ivar Nilsson var släkt med Karl Bratt, dennes syster Margareta och Mats Bratt är däremot omöjligt att fastställa, men beläggen där Karl, Margareta och Mats omnämns motsäger inte i något avseende att de samtliga kan ha varit barn till Nils Bratt den äldre och således syskon till Ivar Nilssons far, Nils Bratt den yngre. Att Mats Bratt hade syskon och att han redan omkring år 1500 hade ärvt något eller några av dessa, liksom sina föräldrar, tycks framgå av brevet som han lät utfärda vid denna tid. Därtill kommer den osäkra uppgiften i Fernows notis om 1507 års brev att sigillvittnet Herlig Persson var en systerson till Mats Bratt.

Vem som var Ivar Nilssons hustru är obekant. Utöver sönerna Mats och Olof hade han även sonen Per Ivarsson, som omnämns redan 1531, och som 1541 bodde i Finland, där han skall ha varit bosatt ännu enligt en längd från 1562 (han kallas där felaktigt "Jöns Ivarsson") medan han enligt ordalydelsen i ett brev från samma år kan ha varit död vid denna tid. Per Ivarssons syster, som framskymtar i den senare källan och som då ännu levde, skulle kunna vara identisk med den Ingeborg Ivarsdotter, som Mats Bratt omkring år 1500 kallade för sin guddotter och som sannolikt var en dotter till Ivar Nilsson, men det kan förstås också röra sig om två olika personer, två systrar.

Bönderna i Ivarsbjörke under 1600-talets förra hälft

Flera av breven som är källorna till Brattsläktens Björkehistoria fanns alltså länge kvar i Ivarsbjörke trots att hemmanet hade bränts under det dansk-norska härjningståget hösten 1565. I sin uppsats "Anmärkningar på en Resa genom Fryxdaln 1770" i Archivum Wermelandicum uppger Fernow att "Björke gård i Sunne är nog gammal, och är den berättelse ännu ibland allmogen at den skal för långliga tider warit Säteri eller Herregård, som ock håller stånd, och bewisas af många gamla documenter, som här finnes på kalfskin eller papper".[206] Att döma av Värmlandsbeskrivningen hade Fernow märkligt nog fått tillgång till dessa brev i Björke genom lands-

---

[206] KSLB, AW 2, pag. 431, FAV.

hövdingen Johan Abraham Hamiltons förmedling.[207] Själva förevisade Ivarsbjörke-
borna i en tvist 1694 med sina grannar i Edsbjörke "några gamble bref på gården
Biörka och Torpett Ulfzbiörke, medh des uthtagor",[208] och i det nämnda målet 1726
företedde de inför rätten köpebrevet från 1507 och fastebrevet från 1515.[209] Säker-
ligen avses samma brev med de "Tw gamble Pergamentzbreff", som Pål Larsson i
Långenäs åberopade vid landstinget 1634 i målet angående "Tinneskoghen" (jfr
ovan).[210] Åtminstone fastebrevet från 1515 framlade han också i ett mål vid Fryks-
dals häradsrätt 1655 angående skogen "Boon" liksom vid fortsättningen på samma
ärende vid landstinget i Karlstad följande år.[211] Tydligen hade han lånat breven från
Ivarsbjörke för att styrka sin talan vid dessa rättegångar (breven omnämns inte som
kopior).

Att dessa handlingar åtminstone ännu långt in på 1700-talet förvarades i Ivars-
björke[212] kan dock inte utan vidare tas till intäkt för att hemmanet då beboddes av
släktingar till personerna som förekommer i breven. Åtkomsthandlingar av skilda
slag följde i regel en jordegendom då den bytte ägare (jfr ovan angående Olof
Björnssons exemplar av 1509 års bytesbrev).[213] Breven från 1469, 1507 och 1509
samt fastebrevet från 1515 kan ha överlämnats till en oskyld vid en eventuell
försäljning. Brevet från omkring år 1500, som via Fernow så småningom kom till
Riksarkivet, är däremot av mer privat natur men innehåller också en passus om en
bortskänkt kvarnström i hemmanet.

---

[207] Fernow 1773–79, s. 263 not ll (Fernow 1977, 1, s. 324 not 356). Däremot åberopas inte den dåvarande
ägaren till Björke bruk (jfr nedan), brukspatronen Olof Antonsson, vilket tyder på att det inte var av honom
utan hos bönderna som breven fortfarande förvarades 1770. — Helmer Bratt (1951, s. 58 f., 60, 77) m.fl.
föreställer sig att åberopandet av Hamilton innebär att vad denne försåg Fernow med var handlingar som
skall bevisa Brattforssläkten Bratts släktskap med Bratt af Höglunda (härom jfr ovan) – Hamiltons andra
hustru, Catarina (Cajsa) Adelheim, var nämligen ättling till brukspatronen Anders Andersson i Brattfors.
Ingenting talar för att denna presumtion har någon förankring i verkliga förhållanden. Avskrifterna och
noteringarna som Fernow gjorde i Björke för sitt Archivum Wermelandicum berör inte Brattforssläkten.
[208] Fryksdals övre tingslags häradsrätt AIa:7, fol. 138 r., VA (Almqvist 1987, s. 530, 1694 ht:82). Jfr ibid., s.
229 (1663 ht:15), 313 (1674 ht:31).
[209] Göta hovrätts arkiv, Advokatfiskalens arkiv EVIIAABC:46, fol. 291 r.–293 r., VaLA (Almqvist 1998, s.
113, 1726 ht:115).
[210] Göta hovrätts arkiv, Advokatfiskalens arkiv EVIIAAAL:2, 1634, fol. 44 r.–45 r., VaLA.
[211] Fryksdals övre tingslags häradsrätt AIa:2, fol. 156 v.–157 r., VA (Almqvist 1987, s. 188, 1655 vt:62); Göta
hovrätts arkiv, Advokatfiskalens arkiv EVIIAAAL:7, 1656, pag. 157–162, VaLA.
[212] Hur länge de fanns kvar är okänt. I en av prosten Anders Fryxell i september 1837 upprättad förteckning
över fornlämningar och andra minnesmärken i Sunne socken, med anledning av en av ämbetsbrodern
Anders Lignell initierad inventering i stiftet, nämns att det i hemmanet Arnstorp skall finnas "gamla märk-
liga papper", som Fryxell, "oaktadt flere bud", inte haft möjlighet att ta del av (Kristinehamns högre all-
männa läroverksbiblioteks handskriftssamling, Lignell 20, nr 31, VA), men ingenting sägs om Ivarsbjörke
och dess handskrifter.
[213] Fritz 2009, s. [5] f.

Morgongåvobrevet från 1480 däremot gäller inte jord i Björke. Fernow uppger att han fick tre originalbrev i Björke, varav ett alltså var brevet från omkring år 1500, och det är sannolikt att ett annat var morgongåvobrevet. Detta säger han sig ha infört – eller kanske snarare: hade han för avsikt att införa – i tredje delen av sitt Archivum Wermelandicum ("i Tom III Sub N° [lakun]"),[214] men någon sådan del av hans stora handskrift kom aldrig att fullbordas eller har åtminstone inte bevarats, och morgongåvobrevet är numera känt endast genom Fernows avskrift. Brevet var på papper, något som han fann beaktansvärt ("torde såled[e]s, bli med de äldre som finnes i Riket"),[215] men just i Björke fanns, som han också nämner, både pergaments- och pappersbrev.[216] Pappersbrev var dock i slutet av 1400-talet inte så ovanliga som Fernow menade; det anmärkningsvärda var kanske i stället att morgongåvobrevet inte var skrivet på pergament, som skattades högre än papper.[217] Av ett par skrivelser till Carl Fredrik Mennander (Fredenheim) från 1771 framgår att Fernow då var i besittning av både Mats Bratts brev från omkring år 1500 och morgongåvobrevet, och han omnämner dem i samma andetag; "Documentet efter Matts Bratt står gärna til Herr Secreterarens tjenst, och skal jag om så befalles äfven afskrifva Nils Braths morgongåfvo Bref", erbjöd han sig.[218] Morgongåvobrevets anknytning till Björkegrenen av Brattsläkten framstår än klarare vid beaktande av att gåvan bestod av hemmanet Gruvön, som i början av 1560-talet alltså ägdes av Per Ivarsson, en son till Ivar Nilsson. Sin avskrift av morgongåvobrevet införde Fernow bland anteckningarna om Fryksdals härad, vilket som framgått skedde med motiveringen att Nils Bratts fru "varit en Bagge ifrån Björke", varför brevet kunde anses angå Fryksdalen.[219] Säreget nog anförde han däremot inte makens släkttillhörighet som ett skäl i sammanhanget. Den bakvända gissningen att Margit Ivarsdotter skulle ha tillhört samma fädernesläkt som Ivar Nilsson, som ju var hennes son och som av Fernow själv hade tilldelats släktnamnet "Bagge" (se ovan), bör dock ha varit beroende av att morgongåvobrevet hörde till de aktstycken som han påfann i Ivarsbjörke, knappast annars. Detta tyder i sin tur på att beståndet av äldre handlingar där ännu på Fernows tid trots allt var rester av ett släktarkiv med anknytning till Ivar Nilsson och hans anförvanter. Från sitt besök i Ivarsbjörke omtalar Fernow också förekomsten där av brev utfärdade 1518 av lagmannen Nils Olofsson (Vinge)

---

[214] KSLB, AW 2, pag. 444 f., FAV.
[215] Se även kommentaren i Fernow 1773–79, s. 263 not l (Fernow 1977, 1, s. 324 not 355).
[216] KSLB, AW 2, pag. 431, FAV.
[217] Jfr Larsson 2003, s. 12 f.
[218] Fredenheimska samlingen, brev från Erik Fernow 5/6 1771, 5/9 1771, KB.
[219] KSLB, AW 2, pag. 444 f., FAV.

och 1596 av underlagmannen Jakob Persson på lagmannen Hans Erikssons (Ulfsparre) vägnar men tyvärr utan att redogöra för brevens innehåll.[220]

I källorna från 1600-talets början saknas som väntat både Mats och Olof Ivarssöner (om längderna för kvarnskatten, se ovan). I längden över en extraskatt som uttogs år 1600 upptas tre hushåll i Ivarsbjörke, vilka förestods av Erik, Per respektive änkan. Enligt en längd över en extraskatt som uttogs år 1601 var hushållsföreståndarna Erik, Per Larsson och Per. Enligt tl 1602 fanns emellertid endast två tiondegivare i hemmanet, Erik och Ivar. Ett mantalsregister från mars 1606, vilket enligt dess rubrik redovisar "alla them Som öffuer 16 åår och wnder 60 gamble era", upptar fem bönder, sex hustrur och en dräng i Ivarsbjörke. Längden anger inga personnamn; däremot var Erik i "Bierka" och Per i "bierka" bland dem som tillsatts för taxeringen av denna skatt. Längden över 1609 års hjonelagspenningar redovisar fyra bönder och fyra hustrur men likaså utan att deras namn anges. Uppgiften harmonierar med samma års tiondelängd i vilken Erik, Ivar, Per Larsson ("La") och Per Ivarsson uppräknas. För 1610 års hjonelagspenningar föreligger tre längder. I två av dem upptas Erik, Ivar, Per, Per och Olof, samtliga med respektive hustru, i den tredje Erik, Ivar, Per Larsson, Per Ivarsson, Olof och Pelle Persson, samtliga likaså med respektive hustru. I samma års tiondelängd redovisas däremot endast fyra tiondegivare: Erik, Ivar, Per Larsson och Per Ivarsson.[221] Omkring sekelskiftet 1600 förefaller Ivarsbjörke alltså ha bestått av tre gårdar, som efter några år ökade till fyra, en fördubbling sedan 1586 års längd över lagmansräntan (se ovan). De femte och sjätte hushållen som förekommer i vissa av dessa längder motsvarades antagligen inte av självständiga brukningsenheter eftersom Ivarsbjörke bestod av fyra gårdar ännu i slutet av 1620-talet.[222]

Av de personer eller hushållsföreståndare som upptas i Ivarsbjörke i skilda skattelängder från 1600-talets första decennier[223] omnämns Erik under åren 1600–

---

[220] KSLB, AW 2, pag. 431, FAV. Därtill omnämns ett (eller flera?) brev från "1695-7" av lagmannen Knut Törnhielm.

[221] VH 1600:9, jb, fol. 109 r., RA; VH 1601:11, jb, RA; VH 1602:9, tl, RA; VH 1606:5, mantalsregister, RA; VH 1609:14, hjonelagslängder, fol. 8 r., RA; VH 1609:18, tl, RA; VH 1610:5, hjonelagslängder, fol. 15 r., 19 r., 48 v., RA; VH 1610:16, tl, fol. 172 v., RA.

[222] Se bl.a. Boskaps- m.fl. längder, Närke-Värmland, 4:2, Fryksdals härad 1628, fol. 5 r., RA (därtill en knekt, ibid., fol. 11 r.).

[223] Den följande redogörelsen grundar sig på: VH 1600-30 (tionde- och andra skattelängder spridda år), RA; Älvsborgs lösen 1613, 69–70, RA (åren 1613, 1615–19); Boskaps- m.fl. längder, Närke-Värmland, 2, 4–8 och Karl Filips hertigdöme, 6, RA (spridda år 1621–35); Roterings- och utskrivningslängder, KrA (spridda år fr.o.m. 1627); Södermanlands handlingar 1629:10 och 1630:16, RA; Mantalslängder Värmlands län 1642–53, RA; Mantalslängder Örebro län 1654 ff., RA.

30, "änkan" endast år 1600, Per Larsson 1601–21 (även Per år 1600 avser möjligen snarare honom än Per Ivarsson), Per Ivarsson 1601–33 (endast Per 1601), Ivar 1602–35, Olof Persson spridda längder fr.o.m. år 1610 men kontinuerligt under åren 1635–51 († 1651 eller 1652) samt Per Persson 1610–11 och därefter 1626–59. Erik omnämns alltid utan patronymikon, likaså Ivar. Förutom i åtskilliga skattelängder förekommer Ivar även i Fryksdals härads dombok 17 mars 1634. Han uppräknas där bland nytillsatta gästgivare men meningen "Jffuer och Peer Ollson i Biörke"[224] kan inte tolkas på annat sätt än att det är endast Per (omnämnd i Ivarsbjörke fr.o.m. 1631, se nedan "Gård 1") som åsyftas som bärare av fadersnamnet Olsson (eller Olofsson); hade det avsett även Ivar skulle det, enligt tidens skrivsätt, ha stått i pluralis, d.v.s. "Olofssöner". Det är likväl möjligt att också Ivars patronymikon var just "Olofsson": som nedan framgår hade han både en son och en brorson eller systerson med namnet Olof, men namnet hörde å andra sidan till de allra vanligaste vid denna tid.

En gruppering av dessa uppgifter får följande utseende:

Gård 1: Erik 1600–30, Per Olofsson 1631–54. I vilket förhållande Per Olofsson stod till Erik är obekant. Flera alternativ finns: han kan ha varit hans styvson, måg, brorson o.s.v.

Gård 2: Ivar 1602–35; härefter Nils Ivarsson fr.o.m. 1637. Nils var uppenbarligen son till Ivar (se närmare nedan).

Gård 3: Per Larsson (Per 1600?) 1601–21, Per Persson 1626–59 (omnämns redan 1610–11). Per Persson var sannolikt son till Per Larsson (längder som redovisar samtliga hushåll saknas för den mellanliggande perioden 1622–25).

Gård 4: änkan 1600, Per Ivarsson 1601–33, Olof Persson 1635–51 (omnämns redan spridda år fr.o.m. 1610). Olof Persson var tydligtvis son till Per Ivarsson: Olof är skriven för ett hushåll i 1616–19 års längder för Älvsborgs lösen,[225] som däremot inte upptar Per Ivarsson, vilken å andra sidan förekommer i tl för samma år där Olof Persson saknas.

En räkenskap från år 1641 anger ovanligt nog för denna tid storleken på de enskilda brukningsenheterna i respektive hemman, och ger därmed även vissa ledtrådar till Ivarsbjörkes tidigare historia.[226] Enligt denna räkenskap ägde Per Olofsson och Nils

---

[224] Fryksdals övre tingslags häradsrätt AIa:2, fol. 19 r., VA (Almqvist 1987, s. 121, 1634 vt:1).

[225] Olofs patronymikon framgår vid en jämförelse mellan 1619 års längd för Älvsborgs lösen (Älvsborgs lösen 1613, 70, RA), där han betecknas som knekt, och avkortningarna för knektar i fogderäkenskaperna för åren 1616–18, där hans fulla namn skrivs ut (se bl.a. VH 1618:6, jb, fol. 130 r., RA).

[226] Länsräkenskaper 1631–1820, Värmlands län, 10, Specifikation över hemman och mantal 1641, fol. 109 r., RA.

Ivarsson vardera 1/4 i Ivarsbjörke eller tillsammans halva hemmanet. Därmed bör även de närmast föregående ägarna, Erik respektive Ivar, ha varit i besittning av samma hälft. Med denna förstås tydligen den s.k. södra hälften, som enligt ett mål vid häradsrätten 1670 beboddes av den nämnde Nils Ivarsson och Olof Persson;[227] den senare förekommer i mantalslängderna för åren 1655–73, föregås där av Per Olofsson och var säkerligen hans son.

I 1641 års räkenskap upptas vidare Elof Eriksson som brukare av 1/8 i Ivarsbjörke. Han var gift med Marit Larsdotter och svåger med fältväbeln Lars Larsson i Ivarsbjörke,[228] dödsdömd av tingsrätten vid inte mindre än fyra tillfällen för grövre sedlighetsbrott och slutligen avrättad för tredje resan enkelt hor.[229] Lars Larsson hade enligt 1649 års dombok pantsatt sin jord 2/3 i 1/8 i Ivarsbjörke till superintendenten Sveno Benedicti Elfdalius (tidigare kyrkoherde i Fryksdals pastorat) och inte återlöst den, medan Elof Eriksson och hans hustru, vilka var barnlösa, hade sålt sin 1/3 i samma 1/8 till superintendenten.[230] Denna åttondel skulle senare komma att övergå till andra ägare utom börd och medverka till anläggningen av Björke bruk 1695 och dess herrgård, vilken med tiden fick namnet Björkefors (litterärt känd som den elake brukspatronen Sintrams "Fors"). Två av brotten som gav anledning till dödsdomar hade Lars Larsson begått tillsammans med sin kusin Marit Persdotter, dels såsom ogift (incest), dels såsom gift (incest och enkelt hor). Marit var dotter till den ovannämnde Per Persson i Ivarsbjörke,[231] som omnämns i längder från åren 1610–11 och därefter 1626–59. Enligt 1641 års räkenskap ägde Per Persson 1/16 i hemmanet, men av domböckerna framgår att hans döttrar Karin och Ingeborg innehade varsin 1/16, som var deras arvejord.[232] Deras far Per Persson bör därmed i själva verket ha ägt 1/8. Tydligt är att denne hade en bror Lars Persson, som var far till fältväbeln och hans syster, vilka tillsammans ägde just 1/8. Att Lars Persson aldrig omnämns i någon bevarad källa beror rimligtvis på att han dog i unga år; hans änka, Kerstin Jönsdotter, levde ännu 1668.[233] Av allt att döma var Per Persson och hans bror Lars söner till Per Larsson, som var brukare i Ivarsbjörke vid

---

[227] Almqvist 1987, s. 279 (1670 ht:41).

[228] Almqvist 1987, s. 158 (1649 ht:7), 262 (1668 vt:14), 293 (1672 ht:35), 546 (1696 vt:9).

[229] Almqvist 1987, s. 204 (1657 ht:6). Om hans avrättning, se ibid., s. 230 (1663 ht:32). Om hans tidigare domar, se ibid., s. 132 (1639 ht:6), 140 (1642 ht:4), 142 (1643 ht:1), 149 f. (1647 ht:2), 156 (1649 vt:2).

[230] Almqvist 1987, s. 158 (1649 ht:7).

[231] Marit Persdotter var moster till Lars Persson i Ivarsbjörke (Almqvist 1987, s. 384, 1684 vt:23), som var son till Per Jönsson och Ingeborg Persdotter i samma hemman (ibid., s. 402, 1685 ht:14) och dotterson till Per Persson därstädes (ibid., s. 275, 1670 vt:29: Per Jönsson var Per Perssons måg).

[232] Almqvist 1987, s. 384 (1684 vt:23), 434 (1687 ht:83). Systern Marit hade utfått sin arvsrätt genom att släktingarna betalat böterna som hon ådragit sig.

[233] Almqvist 1987, s. 262 (1668 vt:14).

seklets början. Det är därmed sannolikt att också Per Larsson – i likhet med Erik och Ivar – ägde 1/4 i Ivarsbjörke.

Om den återstående delen av Ivarsbjörke vid 1600-talets början ger 1641 års räkenskap ingen säker vägledning. Däremot framgår av häradets dombok för år 1633 att också Per Ivarssons och hans ättlingars gårdar utgick från 1/4 i hemmanet: vid hösttinget detta år skedde uppbud av 1/3 i 1/4 i Ivarsbjörke för Per Ivarsson.[234]

Vid tinget i Fryksdals härad 1608 skedde uppbud av halva "Biercka". Uppbudet var enligt domboken det femte i ordningen[235] och är därmed ett av många exempel på det säregna förhållandet i de av underlagmannen Jakob Persson förda domböckerna att uppbud – utan att någon förklaring ges – skall ha skett vid mer än tre ting, som var det i lagen föreskrivna antalet. I 1607 års dombok förekommer emellertid inget uppbud rörande denna affär, inte heller i tidigare bevarade domböcker (1606 års dombok saknas[236]). Sannolikt avses Ivarsbjörke med "Biercka"; Edsbjörke skrivs i samma dombok "Esbiörsbiercka".[237] Möjligen var den aktuella hälften av Ivarsbjörke fortfarande odelad då affären skedde, men skiftades kort därefter i två fjärdedelar (jfr ovan).

En omständighet som tyder på att släktskap förelåg mellan Ivarsbjörkes ägare i början av 1600-talet och dem som bodde där åtminstone ännu på 1570-talet, Mats och Olof Ivarssöner, är bruket av namnet Ivar. Namnet hörde till de ovanligare i Värmland och Fryksdals härad vid denna tid[238] (se närmare nedan), vilket var förhållandet också vid seklets början – i en uppräkning av 160 värmländska skattebetalare år 1503 upptas endast en med namnet Ivar[239] –, men förekom i Ivarsbjörke i början av 1600-talet: dels som dopnamn, Ivar NN, dels i fadersnamn, Per Ivarsson. Något far- och son-förhållande förelåg inte mellan dessa båda personer, däremot sannolikt släktskap av annat slag. Också det med Brattsläkten associerade dopnamnet Mats förekom i Ivarsbjörke under 1600-talets första decennier men, såvitt känt är, i mindre utsträckning. En Mats i Ivarsbjörke ("Jfuarsbäk") upptas 1614 bland knektar i en Värmlandsfänika, som var på tåg till Ryssland[240] (ett krig som slutade tre år senare

---

[234] Almqvist 1987, s. 120 (1633 ht:19). Förfarandet fullföljdes vid de två närmast följande tingen.

[235] Jean Silfvings samling, 1, Dombok för Östersysslet 1608, fol. 127 v., VA. Denna dombok (härom se Westlund 2018, s. 54 not 294) har, i likhet med domböckerna för åren 1600 och 1607, inte beaktats i Almqvist 1987.

[236] Vid denna tid hölls vanligtvis endast ett ting om året i landskapets härader, se Westlund 2018, s. 9.

[237] Jean Silfvings samling, 1, Dombok för Östersysslet 1608, fol. 126 v., VA.

[238] Fredriksson 1974, s. 49, 124.

[239] Sb 1503, s. 93–98 (med s. 96 not 8 och s. 97 not 9).

[240] VH 1614:16, tl, fol. 233 v., RA.

med freden i Stolbova), kanske identisk med den Mats ("Mattias") i Björke som 1639 bötfälldes för att han trots stämning inte hade infunnit sig vid tinget.[241]

För släktmässig kontinuitet talar även det fastebrev som på hösttinget 1680 meddelades Nils Ivarssons änka Kerstin Jönsdotter och deras barn på 1/4 i Ivarsbjörke.[242] Hennes nyligen avlidne man[243] hade 1) ärvt en broderdel efter sina föräldrar, 2) köpt av sin bror Per Ivarsson i Björserud i Sunne socken hans andel, 3) köpt av sin kusin furiren Anders Pålsson i Gällserud i Lysviks socken hans andel och 4) köpt av sin kusin Olof Pålsson och hans bror på Asphyttan på Värmlandsberg deras andelar. Av andra källor är känt att Nils Ivarsson hade ytterligare en bror, korpralen Olof Ivarsson, men hans öden är okända efter det att han 1642 tillsammans med en kamrat från grannhemmanet Askerud rymde från sitt kompani under marschen mot Leipzig,[244] där den svenska armén 23 oktober detta år under stort manfall besegrade den kejserliga (andra slaget vid Breitenfeld). Nils Ivarsson och hans bröder var av allt att döma söner till Ivar i Ivarsbjörke, som omnämns 1602–35, och Nils' kusiner i denna affär måste således ha varit barn till antingen en bror eller en syster till Ivar. Härav följer att Ivars och hans syskons föräldrar var jordägare i Ivarsbjörke i slutet av 1500-talet.

Uppbudet 1608 av halva Björke skulle i sig självt kunna påvisa att det var inom en och samma släkt som även denna jordaffär ägde rum eftersom jord som säljaren förvärvat som oskyld enligt lagen inte var förenad med bördsrätt och därmed inte underkastad uppbudsförfarandet då han själv sålde den vidare. I praktiken skedde dock i oviss utsträckning uppbud även av avlingejord.[245]

Ivarsbjörkes avgärda hemman

På Ivarsbjörkes ägor i norr, på den s.k. norra hälften,[246] upptogs från 1580-talets början och ett knappt tjugotal år framåt fyra nybyggen, som snart skattlades: Kårrud

---

[241] Almqvist 1987, s. 132 (1639 ht:16).

[242] Almqvist 1987, s. 354 f. (1680 ht:36).

[243] Nils Ivarsson begravdes 3/10 1680 (Sunne kyrkoarkiv C:1, pag. 255, VA), tinget hölls 19–21/10.

[244] Olof Ivarsson hade 1631 låtit skriva sig för knekt i stället för brodern Per. Roterings- och utskrivningslängder 1631/201, 1631/238, KrA; Rullor 1620–1723, 1631:4, fol. 19 r., 1633:6, fol. 22 r., 1642:4, fol. 184 r., 1643:5, fol. 179 r., KrA. Han är antagligen identisk med den Olof Ivarsson i Björke, vilken 1634 ådömdes böter för lönskaläge (Almqvist 1987, s. 121, 1634 vt:9).

[245] Winberg 1985, s. 104, 217 f.

[246] Almqvist 1987, s. 175 (1653 ht:44).

1582 (redovisat i jb fr.o.m. 1587), Strandvik 1590 (jb 1590), Solberg 1597 (jb 1600) och Västra Lövåsen eller Bäcken 1600 (jb 1601), vilka av oviss anledning kom att räknas till Lysviks socken och inte till Sunne socken.[247] Härtill kom Strand eller Strandtorp, som skattlades 1675[248] men som antagligen är identiskt med skattetorpet Strand, vilket redovisas redan i sb 1503 och i jb 1540–50, i jb 1540 uttryckligen betecknat som ödetorp.[249] Vid hösttinget vid Fryksdals häradsrätt 1712[250] krävde emellertid de dåvarande ägarna till de fem hemmanen bolbys rätt tillsammans med Ivarsbjörke "emedan deras förfäder skolat gått uhr bohlbyn, uptagit be*mälte* Hemman på Byägorne och deremot lemnat sin arfzrätt til de på bohlbyn qwarblefne åboer". Käromålet är något dunkelt formulerat men avsåg tydligen att som en senkommen kompensation rättsligt likställa de fem hemmanen med Ivarsbjörke för vad som en gång hade avståtts i fråga om arvsanspråk. Yrkandet kunde dock inte styrkas med vittnen eller "andra skälige bewjs" och det bestreds av Ivarsbjörkes ägare, som hänvisade till en dom som hade avkunnats på hösttinget 1688[251] enligt vilken Kårrud, Strandvik, Solberg, Västra Lövåsen och Strandtorp i stället var att betrakta som avgärda hemman till Ivarsbjörke. Med hänvisning till detta utslag, med de rättigheter och skyldigheter som där stadgades, ansåg häradsrätten att "denna twisten redan är sljten".

Det intressantaste med detta mål ur en släkthistorisk synvinkel är att Kårrud, Strandvik, Solberg och Västra Lövåsen skall ha bebyggts på Ivarsbjörkes ägor av personer som härstammade från detta hemman där de ägde arvsrätt, vilken de i sam-

---

[247] I jordeböckerna redovisas Kårrud i Lysviks socken i jb 1587–88, i Sunne socken i jb 1589–90 och 1600–05 (i *SOV* 2, s. 17 står 1589–1604), därefter åter i Lysviks socken; Strandvik upptas i Sunne socken i jb 1590, i Ämterviks socken (som vid denna tid ännu var odelad) i jb 1600–05 och därefter i Lysviks socken; Västra Lövåsen redovisas i Sunne socken i jb 1601–05 och därefter i Lysviks socken; Solberg däremot upptas i Lysviks socken redan fr.o.m. jb 1600. De skiftande redovisningarna i jb motsvarades inte av reella ändringar men var möjligen förorsakade av skattetekniska skäl (jfr VH 1600:9, jb, fol. 39 r., RA angående Strandvik). I andra skattelängder från denna tid upptas Kårrud, Strandvik och Västra Lövåsen i Lysviks socken, bl.a. i en längd över en extraskatt som uttogs år 1600 (VH 1600:9, jb, fol. 112 v.–113 r., RA). Om Kårrud, se även Södermanlands handlingar 1580:18, pag. 482, 484, RA.

[248] Almqvist 1987, s. 321 (1675 ht:42), 347 (1679 ht:31).

[249] *Sb 1503*, s. 86; *Jb 1540*, s. 58; VH 1550:14, jb, fol. 74 v., RA; *SOV* 2, s. 18. I *DMS* 7, s. 93 identifieras detta Strand i stället med Strandvik, vilket knappast är korrekt. — På Ivarsbjörkes ägor tillkom ytterligare två hemman, vilka båda däremot kom att räknas till Sunne socken, Bäck (Norra Skogen), något norr om Ivarsbjörke, och Östra Lövåsen, beläget i nordost mot gränsen till Älvdals härad. Bäck upptogs 1590 (VH 1590:5, jb, fol. 41 r., RA) av Hans NN (tidigast nämnd i VH 1600:9, jb, fol. 111 r., RA), utan känd eller skönjbar släktmässig anknytning till Ivarsbjörke, medan Östra Lövåsen uppodlades omkring 1650 av finnen Pål Olofsson (Suhoinen) och hans hustru Elin Olofsdotter (om Ivarsbjörke och Östra Lövåsen, se bl.a. Lantmäteristyrelsens arkiv, R70-52:1, karta upprättad av Anders Kyhlberg juni 1707, LM).

[250] Fryksdals övre tingslags häradsrätt AIa:11, fol. 283 r.–284 r., VA. Jfr Almqvist 1993, s. 299 f. (1712 ht:50).

[251] Almqvist 1987, s. 446 (1688 ht:43).

band med sin utflyttning skall ha avstått till "de på bohlbyn qwarblefne åboer". Uppgiften är visserligen sent belagd och förekommer i ett tendentiöst sammanhang, men, såvitt framgår av domboken, avvisades den inte av motparten (Ivarsbjörkeborna) vad just härkomsten beträffar. Kårrud upptogs 1582; fr.o.m. år 1600 namnges brukaren Måns.[252] Strandvik upptogs 1590; fr.o.m. år 1600 namnges brukaren Anders.[253] Solberg upptogs 1597; år 1609 (men varken förr eller senare) namnges brukaren Nils.[254] Antagligen var det också dessa till namnet första kända brukarna som ett eller drygt ett decennium tidigare hade börjat uppodla respektive hemman. Säkert är däremot att den förste brukaren i Västra Lövåsen hette Jöns: hemmanet upptogs år 1600 och i en skattelängd från samma år anges han som dess brukare.[255] Den som upptog Kårrud, sannolikt Måns, måste ha varit född senast i början av 1560-talet, Jöns i Västra Lövåsen senast omkring 1580. Namnen på dessa fyra nybyggare kan inte sägas anknyta till det kända namnskicket i Ivarsbjörke under 1500-talet, men det gör däremot namnen på deras barn: Måns i Kårrud hade söner med namnen Ivar[256] och Mats (brukare i Kårrud); Anders i Strandvik hade en son Ivar (brukare i Strandvik); Nils i Solberg hade en son Mats (brukare i Solberg); Jöns i Västra Lövåsen hade söner med namnen Ivar[257] och Mats.[258]

Ivar hörde alltså till de ovanligare dopnamnen i Fryksdals härad under slutet av 1500-talet, men detsamma gällde här faktiskt också för namnet Mats enligt skattelängderna från 1500-talet och början av 1600-talet. I tl 1546[259] upptas ingen tiondegivare i pastoratet med namnet Ivar och, som redan nämnts, endast en med namnet

---

[252] VH 1600:9, jb, fol. 113 r., RA.

[253] VH 1600:9, jb, fol. 113 r., RA.

[254] Nils i Solberg förekommer i tl 1609 (VH 1609:18, tl, fol. 163 v., RA: "Niels" ändrat från "J[...]"), men inte senare. I 1610 års hjonelagslängder (VH 1610:5, hjonelagslängder, fol. 17 r., 22 r., RA) och flera följande längder upptas i stället änkan, men märkligt nog skrivs redan i en längd från 1606 en änka för hemmanet (VH 1606:5, mantalsregister, RA). Att den som upptog Solberg hette Nils kan utläsas också av en skrivelse från 1659 (Fryksdals övre tingslags häradsrätt FI:1, Ragnila Bengtsdotter i Solberg till länsmannen Håkan Månsson Werner 19/2 1659, VA) enligt vilken halva hemmanet ägdes av den då döde Mats Nilssons arvingar (Mats i Solberg omnämns redan 1615, se Älvsborgs lösen 1613, 69, 1615, husarma, RA; hans fadersnamn utskrivs i VH 1617:7, knektar, RA) och den andra hälften av dennes tydligen barnlöse bror Per Nilsson.

[255] VH 1600:9, jb, fol. 112 v., RA.

[256] Om Ivar Månsson, som var knekt, avlönad med en del av räntan av hemmanet Backa i Lysviks socken och som i en räkenskap från 1629 uppges vara död, se (indirekt) Almqvist 1987, s. 289 (1672 vt:18) samt förteckningar över knektar i bl.a. VH 1624:14, räk., fol. 104 v., RA och VH 1629:10A, pag. 192, RA.

[257] Den Ivar "Jonsson" i Lövåsen i Lysviks socken, som 1627 utskrevs till knekt (Roterings- och utskrivningslängder 1627/228, fol. 13 r. m.fl., KrA) var med största sannolikhet en son till Jöns i Lövåsen.

[258] VH 1629:10A, pag. 191 (knektar), RA. En son till Mats Jönsson, som själv tycks ha avlidit ung, var Måns Matsson i Västra Lövåsen, som upptas som brukare där fr.o.m. 1650-talets slut och som var brorson till bl.a. Jöns Jönsson ibid. (Almqvist 1987, s. 396, 1685 vt:29).

[259] Prostarnas tionderäkenskaper, Skara stift, 1B, pag. 440–444, RA.

Mats, nämligen just Mats i Ivarsbjörke. I längden för den första uppbördsterminen för Älvsborgs lösen 1613, d.v.s. 1613 års längd,[260] redovisas tre personer med namnet Ivar i Fryksdals härad, därav två med anknytning till Ivarsbjörke, de ovannämnda Ivar i Ivarsbjörke och Ivar i Strandvik; därutöver en Ivar i Gersbyn (Sundsberg) i Sunne socken. I samma längd förekommer två personer med namnet Mats. Som jämförelse kan nämnas frekvensen för de generellt sett vanligaste manliga dop-namnen enligt samma material: Erik 7 st. tl 1546, 18 st. Älvsborgs lösen 1613; Jon 6, 14; Jöns 2, 17; Lars 9, 17; Nils 3, 30; Olof 12, 27; Per 7, 23. Dessa kristna namn (Erik och Olof är av nordiskt ursprung men kan även betecknas som helgonnamn) var också bland de vanligaste i hela Värmland enligt den nämnda skattelängden från 1503.

Det lär knappast vara en slump att de i övrigt i häradet vid denna tid mycket ovanliga namnen Ivar och Mats bars av söner till just dem som hade upptagit dessa fyra hemman på Ivarsbjörkes ägor och som skall ha härstammat därifrån. På den hälft av Ivarsbjörke på vilken de upptogs bodde i slutet av 1600-talet bl.a. Torsten Ivarsson,[261] som var son till Ivar Olofsson och sonson till Olof Persson i samma hemman[262] samt sannolikt sonsons son till den ovannämnde Per Ivarsson, vilken omnämns som brukare i Ivarsbjörke fr.o.m. 1601 och som antagligen var en son till den änka som omnämns år 1600 men inte senare. I så fall skall hennes make ha hetat Ivar och kan således ha varit densamme, som föranledde Måns i Kårrud, Anders i Strandvik och Jöns i Lövåsen att ge en av sina söner detta namn. Före-komsten av namnet Mats bland barnen i samma generation i åtminstone tre av dessa avgärda hemman kan vidare innebära att denne postulerade Ivar i Björke var en son till den forne frälsemannen Mats Ivarsson. Också förhållandet att namnet Olof inte är känt bland de fyra nybyggarnas barn kan tyda på att de var ättlingar till Mats Ivarsson och inte till hans bror.

I början av 1600-talet fanns personer med namnet Ivar också i andra hemman i Ivarsbjörkes grannskap. En soldat Ivar Esbjörnsson, som omnämns under åren 1623–29 († 1629), skrevs 1623 i Askerud men fr.o.m. följande år i dess grann-hemman i norr, Edsbjörke.[263] En annan knekt i Sunne socken vid samma tid var Ivar Olofsson, som var skriven i Askerud 1626–27 († 1627).[264] I Östanbjörke upptas

---

[260] Älvsborgs lösen 1613, 69, 1613, fol. 58 r.–64 r., RA.
[261] Almqvist 1987, s. 397 (1685 vt:46), 411 f. (1686 vt:51).
[262] Almqvist 1987, s. 448 (1688 ht:74).
[263] VH 1623:20, räk., fol. 11 r., RA; VH 1624:14, räk., fol. 105 v., RA; VH 1629:10A, pag. 190, RA. Fullstän-diga namnet i bl.a. Rullor 1620–1723, 1629:3, fol. 1 v. (rulla 27/3 1623), 57 r. (rulla 19/8 1627), KrA.
[264] VH 1626:4, räk., fol. 67 r., RA; Rullor 1620–1723, 1629:3, fol. 50 r. (rulla 19/4 1627, förteckning över döda), KrA.

fr.o.m. 1628 Ivar Bengtsson, som levde ännu 1663 och som var ägare till halva hemmanet.[265] Med tanke på sitt ovanliga fadersnamn bör Ivar Esbjörnsson ha varit en son till Esbjörn, som förekommer i Edsbjörke i längder från åren 1600–21 (och som med all sannolikhet var ättling till den Esbjörn som någon generation tidigare hade gett hemmanet dess namn), Ivar Olofsson kan antas ha varit son till den Olof, som 1626 betecknas som inhyses i Askerud,[266] medan Ivar Bengtsson i Östanbjörke lär ha varit son till Bengt, som nämns som den ene av två brukare i detta hemman under åren 1601–33. Spridningen av dopnamnet Ivar till dessa hemman – det kan inte beläggas tidigare i något av dem – och deras närhet till Ivarsbjörke torde tyda på att släktskapsförbindelser hade etablerats med folket där.

Sammanfattning II:
Ivar Nilssons släktskap med bönderna i Ivarsbjörke och dess avgärda hemman under 1600-talet

Som framgått medger inte källäget att genealogiskt säkert förbinda dem som var ägare till Ivarsbjörke åtminstone ännu på 1570-talet, d.v.s. bröderna Mats och Olof Ivarssöner, med dem som bodde där och i dess avgärda hemman i början av 1600-talet. Bristen på källor från 1580- och 1590-talen är besvärande, likaså förhållandet att två av ägarna i Ivarsbjörke i början av 1600-talet, Erik och Ivar, liksom de som upptog de avgärda hemmanen alltid omnämns utan patronymika. Däremot före-ligger flera indicier på släktskap:

* förekomsten av det ovanliga dopnamnet Ivar i Ivarsbjörke (i båda hälfterna) och bland sönerna till dem som upptog de avgärda hemmanen
* förekomsten av dopnamnet Mats, särskilt bland sönerna till dem som upp-tog de avgärda hemmanen
* Nils Ivarssons förvärv av jord i Ivarsbjörke av sin bror och sina kusiner, vilket indirekt påvisar att deras gemensamma anfader var jordägare där i slutet av 1500-talet
* uppgiften att de som upptog de avgärda hemmanen (1582–1600) skall ha härstammat från Ivarsbjörke och att de i samband med sin utflyttning skall

---

[265] Roterings- och utskrivningslängder 1628/229, KrA; Länsräkenskaper 1631–1820, Värmlands län, 10, Specifikation över hemman och mantal 1641, fol. 109 v., RA; Almqvist 1987, s. 226 (1663 vt:26).
[266] Boskaps- m.fl. längder, Närke-Värmland, 2:1 (1626), fol. 169 r., RA.

ha avstått sin arvsrätt i detta hemman till dem som blev kvar där (och som
således skall ha varit deras släktingar); uppgiften är sent belagd men skall
vad härkomsten beträffar jämföras med det gemensamma namnbeståndet

Därtill kan läggas morgongåvobrevets sannolika Björkeproveniens och att 1608 års
något ovissa uppbud genom sin blotta existens förefaller avse arvejord.

Åtskilligt talar således för – och veterligen ingenting emot – att åtminstone ett par
av gårdsägarna i Ivarsbjörke vid 1600-talets början, Ivar och Per Ivarsson, liksom de
som upptog de fyra avgärda hemmanen Kårrud, Strandvik, Solberg och Västra Löv-
åsen på Ivarsbjörkes ägor, Måns, Anders, Nils respektive Jöns, var ättlingar till väp-
naren Ivar Nilsson eller att de hade blivit jordägare där i egenskap av ingifta i hans
släkt.

Källor och litteratur

Otryckta källor

Riksarkivet, Stockholm (RA)
    Det odelade kansliet 1521–1723
        Riksregistraturet, 36
    Kammarens arkiv och handlingar före 1630
        Strödda räkenskaper och handlingar t.o.m. 1630
            Gärder och hjälper 1535
            Brudskattelängder 1563, 2
            Frälse- och rusttjänstlängder –1632, 3, 22
            Älvsborgs lösen 1613, 69–70
            Boskaps- m.fl. längder 1620–40
                Närke-Värmland, 2, 4–8
                Karl Filips hertigdöme, 6
            Landskapshandlingar
                Södermanlands handlingar 1580:18, 1629:10, 1630:16
                Värmlands handlingar (VH)
            Prostarnas tionderäkenskaper, Skara stift, 1B, 2
    Räkenskaper efter 1630
        Länsräkenskaper 1631–1820
            Värmlands län, 10, Specifikation över hemman och mantal 1641
        Mantalslängder 1642–1820
            Värmlands län
            Örebro län
    Genealogica 18, 20, 21, 26, 41, 42
    Enskilda arkiv
        Skoklostersamlingen, I, 57 fol. (E 8676)
        Anders Lignells samling (Lignellska samlingen)
            Jordeboks- och mantalshandlingar för Värmland 1581–1750

Krigsarkivet, Stockholm (KrA)
    Militieräkningar 1567/29, 1568/17, 1570/15
    Roterings- och utskrivningslängder
    Rullor 1620–1723, 1629:3, 1631:4, 1633:6, 1642:4, 1643:5

Kungl. biblioteket, Stockholm (KB)
    Fridrik Fryxell, Wärmelands Slägte-Bok
    Fredenheimska samlingen

Riddarhusets arkiv, Stockholm (RHA)
    Sköldebrevsavskrifter, 9
    Marks von Würtembergs genealogier, Levande, 2
    Åkersteins genealogier, 3

Lunds universitetsbibliotek (LUB)
    De la Gardieska samlingen, Släktarkiven
        Ekeblad, 1

Landsarkivet i Vadstena (VaLA)
    Göta hovrätts arkiv
        Advokatfiskalens arkiv EVIIAAAL:2, 7; EVIIAABC:46

Lantmäteriet, Gävle (LM)
    Lantmäteristyrelsens arkiv R70-52:1–2

Värmlandsarkiv, Karlstad (VA)
    Sunne kyrkoarkiv C:1, O:1
    Fryksdals övre tingslags häradsrätt AIa:2, 7, 11; FI:1
    Jösse häradsrätt AIa:1–2
    Älvdals häradsrätt AIa:2–4
    Kristinehamns högre allmänna läroverksbiblioteks handskriftssamling
        Lignell 20, Carlstads stifts fornminnen
    Jean Silfvings samling, 1, Dombok för Östersysslet 1608

Föreningsarkivet i Värmland, Karlstad (FAV)
    Karlstads stifts- och läroverksbiblioteks handskriftssamling (KSLB)
        Biografi och genealogi, 6, Erik Fernow, Philipstads slägter
        Samlingar av diverse innehåll, 1, Archivum Wermelandicum, 2 (AW)

Örebro stadsarkiv (ÖSA)
    Karolinska skolans enskilda samlingar
        Drakenbergska samlingen

Digital resurs

Svenskt diplomatariums huvudkartotek över medeltidsbreven (SDHK)
https://sok.riksarkivet.se/SDHK

Tryckta källor och litteratur

Ahnlund, Nils, 1927, *Nils Rabenius (1648–1717). Studier i svensk historiografi.* Stockholm.

Almquist, Jan Eric, 1958, "Väpnaren Tore Bytings svenska avkomlingar i fem led. En släkttavla från Västergötland, författad 1579." *Släkt och hävd* 1958.

—, 1960, *Herrgårdarna i Sverige under reformationstiden (1523–1611).* Stockholm. (Skrifter utgivna av Rättsgenetiska institutet vid Stockholms högskola, 3.)

—, 1965, "Adliga ätten Månskölds (af Seglinge) ursprung och äldsta historia". *Släkt och hävd* 1965.

Almqvist, Gunnar, 1987, *Sammandrag av Fryksdals härads domböcker 1602–1700.* [Östra Ämtervik & Karlstad].

—, 1993, *Sammandrag av Fryksdals härads domböcker 1701–1725.* [Östra Ämtervik].

—, 1998, *Sammandrag av Fryksdals härads domböcker 1726–1740.* [Östra Ämtervik].

Anrep, Gabriel, 1858–64, *Svenska adelns ättar-taflor*, 1, 3. Stockholm.

Anthoni, Eric, 1965, "Svärd, äldre ätten". *Äldre svenska frälsesläkter*, 1:2. Stockholm.

Bergh, Severin, 1916, *Svenska riksarkivet 1618–1837.* Stockholm. (Meddelanden från svenska riksarkivet, Ny följd, 2:5.)

Boman, Marcus, 1999–2000, "[Inlägg om släkten Bratt 1999-11-03 och 2000-11-12 på hemsidan Anbytarforum"].
https://forum.rotter.se/index.php?topic=68982.0

Bratt, Helmer, 1951, *Några anteckningar om släkten Bratt från Brattfors och med den sannolikt befryndade släkter med namnet Bratt.* Stockholm.

[—], 1966, "Släkten Bratt från Brattfors och dess samband med ätten Bratt af Höglunda. Kort resumé". *Meddelande från Brattska släktföreningen* 1966. *En minnesskrift.* [Stockholm].

Broberg, Richard, 1988, *Finsk invandring till mellersta Sverige. En översikt från medeltiden till 1600-talets slut.* Uppsala. (Svenska landsmål och svenskt folkliv, B. 68.)

[Brodin, Linus], 1923, "Björkefors. En förnämlig Fryksdalsherrgård med gamla anor". [Av sign.] Fryksdalspojken. *Värmland. Värmlands hembygdsförbunds årsbok* 1923. Karlstad (tr. 1922).

Djurklou, G[abriel], 1882, "[Rec. av] Om Noraskog. [...]". *Historisk tidskrift* 1882.

—, 1890, "Arfstvisten mellan Nils Nilssons till Traneberg och fru Ingegerds till Öja afkomlingar". *Historisk tidskrift* 1890.

DMS 1:4 = *Det medeltida Sverige*, 1:4. *Uppland, Tiundaland.* [...] Av Rune Janson, Sigurd Rahmqvist & Lars-Olof Skoglund. Stockholm 1974.

DMS 1:11 = *Det medeltida Sverige*, 1:11. *Uppland. Lagunda och Åsunda härader, Enköpings stad.* Av Hanna Källström. Stockholm 2021.

DMS 7 = *Det medeltida Sverige*, 7. *Värmland.* Av Anna Björklund. Stockholm 2018.

Elgenstierna, Gustaf, 1925–36, *Den introducerade svenska adelns ättartavlor. Med tillägg och rättelser utgivna av* [...], 1, 6, 9. Stockholm.

"En värmländsk dombok från 1550". Med inledning utgiven av Arne Eklund. *Nationen och hembygden*, 7. Uppsala 1956.

Fernow, Erik, 1768, "[Insändare om släkten Bratt]". *Lärda Tidningar* 1768:41.

—, 1773–79, *Beskrifning öfwer Wärmeland,* [...]. Götheborg.

[—], 1977, *Erik Fernows Beskrivning över Värmland*, 1. Ny utgåva av Arvid Ernvik. Karlstad.

"Fogderäkenskaperna för Värmland 1530–1535". [Utgivna] av Richard Broberg. *Nationen och hembygden*, 9. Uppsala 1964.

Fredriksson, Ingwar, 1974, *Svenskt dopnamnsskick vid 1500-talets slut.* Lund. (Anthroponymica Suecana, 7.)

Fritz, Birgitta, 2009, *De svenska medeltidsbrevens tradering till 1800-talets början. En arkivhistorisk översikt.* [...] [Stockholm].
https://riksarkivet.se/media/pdf-filer/fritz_medeltidsbrevenstradering.pdf

Gallén, Jarl, & Liljeholm, A. Filip, 1957, "Läma". *Äldre svenska frälsesläkter*, 1:1. Stockholm.

Gillingstam, Hans, 1962, "Studier rörande Vasatidens lågfrälse". *Personhistorisk tidskrift* 1962.

—, 1964, "Den svenska adelns antagande av släktnamn". *Historisk tidskrift* 1964.

—, 1965, "Vinge". *Äldre svenska frälsesläkter*, 1:2. Stockholm.

—, 2007–11, "Stenbock, släkt". *Svenskt biografiskt lexikon*, 33. Stockholm.
https://sok.riksarkivet.se/sbl/Presentation.aspx?id=20066

Gillingstam, Hans, & Lundholm, Kjell-Gunnar, 1989, "Tott". *Äldre svenska frälsesläkter*, 1:3. Stockholm.

Gottlund, Carl Axel, 1986, *Dagbok över mina vandringar på Wermlands och Solörs finnskogar 1821.* Kirkenär.

GR = Konung Gustaf I:s registratur, 2, 3, 5, 8, 9, 10. [...] utgifvet [...] genom Victor Granlund. Stockholm 1864, 1865, 1871, 1883, 1885, 1887.

[Gyllenius, Petrus Magni], 1962, *Diarium Gyllenianum eller Petrus Magni Gyllenii dagbok 1622–1667*. Utgiven och kommenterad av C. J. Gardberg och Daniel Toijer. Karlstad. (Värmland förr och nu 1962.)

Hildebrand, Bengt, 1934, "Esbjörn Blåpanna och hans arvingar. Medeltidsstudier kring handlingar i Ribbingska huvudmanna[a]rkivet". *Personhistorisk tidskrift* 1934 (tr. 1935).

Hougen, Engebret, 1954, [Rec. av Helmer Bratt, Släkten Bratt från Brattfors]. *Norsk slektshistorisk tidsskrift* 1954.

Janzon, Kaj, 2015, "Vapenlikhetsfällan. Vapen- och sigillbruk under svensk medeltid. [...]". *Svensk genealogisk tidskrift* 2015:1.

Jb 1540 = Jordebok för Värmland 1540. Med inledning och kommentar utgiven av Richard Broberg. Uppsala 1952. (Nationen och hembygden, 6.)

Larsson, Inger, 2003, *Svenska medeltidsbrev. Framväxten av ett offentligt skriftspråk*. Stockholm.

Liedgren, Jan, 1950, "Nils Rabenius' samling av medeltidsbrev och deras proveniens". *Donum Boëthianum. Arkivvetenskapliga bidrag tillägnade Bertil Boëthius 31.1.1950*. Stockholm.

—, 1959, "Ulvsunda och dess ägare före Lennart Torstensson". *Bromma hembygdsförenings årsskrift* 1959. [Bromma].

—, 1971, "[Rec. av] Biskop Hans Brasks släktbok". *Släkt och hävd* 1971.

—, 1982, "[Rec. av] Jan Raneke, Svenska medeltidsvapen". *Personhistorisk tidskrift* 1982:3–4.

Meddelanden från svenska riks-archivet, [1:]5. Utgifna af R. M. Bowallius. Stockholm 1881.

Modeer, Ivar, 1964, *Svenska personnamn. Handbok för universitetsbruk och självstudier*. Lund. (Anthroponymica Suecana, 5.)

Myrehed, David, 2013, *Medeltid i Bierka och Swnd*. Sunne.

Nilsson, Halvar, 1997, *De värmländska medeltidsbreven. Regester med kommentarer*. Uppsala. (Acta Academiae Regiae Gustavi Adolphi, 64.)

Norlin, Gunnar, 1973, "Bratt af Höglunda, andra Brattsläkter och släkten Wallman". *Släkt och hävd* 1973.

Nygren, Ernst, 1956, "Fernow, Erik". *Svenskt biografiskt lexikon*, 15. Stockholm. https://sok.riksarkivet.se/sbl/Presentation.aspx?id=15267

Påhlman, C[arl] G[ustaf], 1926, "Bratt, släkt". *Svenskt biografiskt lexikon*, 6. Stockholm. https://sok.riksarkivet.se/sbl/Presentation.aspx?id=16881

Rahmqvist, Sigurd, 1989, "Var bodde Erik Nilsson i Väsby? Ett bidrag till Väsby-ättens och Lindholmens historia". *Individ och historia. Studier tillägnade Hans Gillingstam 22 februari 1990*. Stockholm.

Ramsay, Jully, 1909–16, *Frälsesläkter i Finland intill stora ofreden*. Helsingfors.

Raneke, Jan, 1982, *Svenska medeltidsvapen*, 2. Bodafors.

Retsö, Dag, 2009, *Lokalförvaltningen i Sverige 1434–1520*. Stockholm. (Acta universitatis Stockholmiensis. Stockholm Studies in Economic History, 56.)

Rosell, Erland, 1984, *Ortnamn i Värmland*. Stockholm.

Rosman, Holger, 1897, *Rasmus Ludvigsson som genealog*. Upsala.

—, 1924, *Bjärka-Säby och dess ägare. Biografiska skildringar kring en gårds historia*, 2. Stockholm.

SAOB = Svenska Akademiens ordbok. https://www.saob.se/

Sb 1503 = "En värmländsk skattebok från 1503." [Utgiven] av Sixten Samuelsson och Gottfrid Kallstenius. *Nationen och hembygden*, 2. Uppsala 1939.

Schlegel, Bernhard, & Klingspor, Carl Arvid, 1875, *Den med sköldebref förlänade men ej å Riddarhuset introducerade svenska adelns ättar-taflor*. Stockholm.

Schück, Henrik, 1941, "Ur Fredenheims papper". Dens., *Svenska bilder. Valda smärre skrifter i svensk kulturhistoria*, 6. Stockholm.

Sjödin, Lars, 1939, "Kanslistilar och medeltida arkiv, 1". *Meddelanden från svenska riksarkivet för år 1939*. Stockholm (tr. 1940).

Sjögren, Paul, 1950, *Ätten Posses historia intill år 1500*. Uppsala. (Ätten Posse. Studier och undersökningar, 1.)

Skoglund, Harald, 1922, *Redogörelse för de ecklesiastika boställena*, 5. Värmlands län. Stockholm. (Statens offentliga utredningar 1922:27.)

SOV 2 = Sverges ortnamn. Ortnamnen i Värmlands län, 2. *Fryksdals härad*. På offentligt uppdrag utgivna av Kungl. ortnamnskommittén. Uppsala 1923.

Stiernman, Anders Anton von, 1745, *Swea och götha höfdinga-minne* [...], [1]. Stockholm.

—, 1754–55, *Matrikel öfwer Swea rikes ridderskap och adel*, [...], 1–2. Stockholm.

Styffe, Carl Gustaf, 1880, *Skandinavien under unionstiden*. [...] 2:a uppl. Stockholm.

—, 1911, *Skandinavien under unionstiden*. [...] Utgifven af L.M. Bååth. 3:e uppl. Stockholm.

Svenska riksdagsakter jämte andra handlingar som höra till statsförfattningens historia under tidehvarfvet 1521–1718, [1:1]:1:1. [...] utgifven af Emil Hildebrand och Oscar Alin. Stockholm 1887.

Sveriges medeltida personnamn, 1, 4. Stockholm 1967, 1974.

"Vestgöta lagmannen Ture Jönssons bref om uppresningen emot k. Kristiern II i sydvestra delen af riket 1521." [Utgivna av] C. G. S[tyffe]. *Vestergötlands fornminnesförenings tidskrift*, 2:1. Stockholm 1901.

von der Hardt, Richard, 1709, *Periculum antiquitatum*, 2. Stockholm.

Walde, O[tto], 1921, "En svensk boksamlare från Vasatiden. Hogenskild Bielke och hans bibliotek". *Uppsala universitetsbiblioteks minnesskrift 1621–1921*. Uppsala.

Warmland, Knut, 1997, *Värmländsk ordbok. De värmska dialekternas ordskatt samlad och presenterad av* [...] Stockholm.

Westlund, Lars Erik, 2008, *Skatterna i Ekshärads och Råda socknar under 1500-talet.* Hagfors.

—, 2017, *Värmland och kriget 1563–70*. Stockholm.

—, 2018, *Brott och straff i Värmland under 1500-talet. Med en genomgång av de värmländska saköreslängderna för åren 1503–1600*. Stockholm.

Wiktorsson, Per-Axel, 1989, "Svenska sköldebrev från medeltiden". *Individ och historia. Studier tillägnade Hans Gillingstam 22 februari 1990*. Stockholm.

Winberg, Christer, 1985, *Grenverket. Studier rörande jord, släktskapssystem och ståndsprivilegier*. Stockholm. (Rättshistoriskt bibliotek, 38.)

Åkerstein, Joh[an] Otto, 1765, *Berättelse om adelige ätten Bratt af Höglunda*, [...]. [Stockholm].

Östenson, Stig, 1974, "Nils Lindormsson (Bååt, Lennart Nilssons ätt) till Aneby och ätten Båt av Billa ännu en gång". *Personhistorisk tidskrift 1974*.

Bilaga 1

Släkten Bratt (Bratt af Höglunda)[1]

Tab. 1
Nils Bratt (Nils Brattason), fogde i Värmland åtminstone 1454–56, adlad 28/12 1456
omn. 1438–59, 1468 (?)
g. m. NN
Barn:
?Karl, tab. 2
?Margareta, omn. 1469, g. m. Håkan Tordsson (omn. 1468–87)
?Mats Bratt, tab. 3
Nils Bratt, tab. 4
?NN (dotter), g. m. Per NN (föräldrar till Herlig Persson, omn. 1507, 1509)

Tab. 2
Karl Bratt
omn. 1469

Tab. 3
Mats Bratt
omn. ca år 1500, 1507, 1526 (?)
Björke, Sunne sn

Tab. 4
Nils Bratt, väpnare
omn. 1468 (?), 1480
g. senast 1480 m. Margit Ivarsdotter (Liljeörn)
Barn:
Ivar Nilsson, tab. 5
Per Nilsson, tab. 9

---

[1] Enligt källor redovisade i huvudtexten.

Tab. 5
Ivar Nilsson, väpnare
omn. 1507, 1509; var död 1531
Rottneros, Sunne sn; Björke (Ivarsbjörke), Sunne sn
g. m. NN
Barn:
Ingeborg Ivarsdotter, omn. ca 1500
Mats Ivarsson, tab. 6
NN (dotter), omn. 1562
Olof Ivarsson, tab. 7
Per Ivarsson, tab. 8

Tab. 6
Mats Ivarsson, frälseman (t.o.m. ca 1542), bonde, länsman i Fryksdals härad (omn.
    1546)
omn. 1526 (?), 1540–ca 1577
Ivarsbjörke, Sunne sn
g. m. NN

Tab. 7
Olof Ivarsson, bonde, nämndeman (omn. 1546), länsman i Fryksdals härad (ca
    1551–75)
omn. 1546–ca 1577
Ivarsbjörke, Sunne sn
g. m. NN

Tab. 8
Per Ivarsson, frälseman
omn. 1531, 1541, 1562 (död?)
Finland

Tab. 9

Per Nilsson, väpnare

omn. 1499, 1506 (?), 1509; var sannolikt död 1525

Skärsmyr, Tveta sn; Höglunda, Nors sn

g. m. NN

Barn:

Jöns Persson, tab. 10

Nils Persson, tab. 11

Per Persson, tab. 12

Sven Persson, tab. 13

Tab. 10

Jöns Persson, frälseman

omn. 1525

Tab. 11

Nils Persson, frälseman

omn. 1540–62

Skärsmyr, Tveta sn

g. m. NN

Barn:

Gullborg Nilsdotter, g. m. NN, Remmene, Bro sn

Ingeborg Nilsdotter, g. m. Tore NN, Näs hd

Kerstin Nilsdotter, g. m. Anders NN, "Kiälsbynn"

Margareta Nilsdotter, g. 1:o m. NN, Bredene, Huggenäs sn (?), 2:o m. NN, Dalsland

Olof Nilsson, bonde, Skärsmyr, Tveta sn (omn. fr.o.m. 1564)

Tab. 12
Per Persson, frälseman
omn. 1528–57
Höglunda, Nors sn
g. m. NN[2]
Barn:
Jöns Persson, frälseman, Höglunda, Nors sn (omn. 1561–94); med hans båda söner
Nils och Per Jönssöner introducerades ätten år 1625 på riddarhuset som nr 49
Bratt af Höglunda

Tab. 13
Sven Persson
omn. 1531

---

[2] En styvdotter till Per Persson avrättades 1550 för incest (VH 1550:14, pag. 23, RA; se även Westlund 2018, s. 169).

Bilaga 2

Släkten Liljeörn[1]

Tab. 1
Jöns Gudleksson, väpnare
omn. 1378, 1398, 1399
g. m. NN
Barn:
Ivar Jönsson, tab. 2

Tab. 2
Ivar Jönsson, väpnare
omn. 1440, 1454, 1467
g. m. NN
Barn:
Jöns Ivarsson, tab. 3
Margit Ivarsdotter, g. senast 1480 m. väpnaren Nils Bratt
Magnus (Måns) Ivarsson, tab. 5
?NN (dotter), g. m. Magnus Håkansson, Höglunda, Nors sn
Per Ivarsson, tab. 10

Tab. 3
Jöns Ivarsson, väpnare, fogde på Stockholms slott 1465–66
levde 13/12 1493, var död 26/5 1496
Ekeberg, Lillkyrka sn, Närke; Svansholm, Ödeby sn, Närke
g. 1:o m. Cecilia Månsdotter (Natt och Dag), levde i början av 1470-talet, var död
    1477;
g. 2:o m. Mekthild Persdotter, levde 26/5 1496, var död 23/1 1502
Barn:
1?) Kristina Jönsdotter, var död 23/1 1502
1?) Märta Jönsdotter, var död 23/1 1502
2) Ivar Jönsson, tab. 4

---

[1] Enligt källor redovisade i huvudtexten.

Tab. 4
Ivar Jönsson, väpnare
levde 23/1 1502, var död 1509
Svansholm, Ödeby sn, Närke
ogift

Tab. 5
Magnus (Måns) Ivarsson, väpnare
omn. 1483, 1484, 1494 (?)
g. m. Appolonia Filipsdotter, omn. 1489
Barn:
Ivar Månsson, tab. 6

Tab. 6
Ivar Månsson, frälseman
levde 7/3 1542, var död 18/5 1544
Årsta, Österhaninge sn, Sdml; Edeby, Ripsa sn, Sdml
g. ca 1527 m. Karin Axelsdotter (Tott) † 1558
Barn:
Ivar Ivarsson, tab. 7
Måns Ivarsson, tab. 9

Tab. 7
Ivar Ivarsson, riddare, kammarjunkare, ryttmästare
† 24/5 1567 Uppsala slott
Strömsta, Teda sn, Uppl.; Visbohammar, Vårdinge sn, Sdml
trolovad 2/2 1566 m. Karin Jöransdotter (Gyllenstierna), levde ännu 1602
Barn:
Ivar Ivarsson, tab. 8

Tab. 8
Ivar Ivarsson, frälseman
1567–1590
Visbohammar, Vårdinge sn, Sdml; Strömsta, Teda sn, Uppl.
ogift

Tab. 9
Måns Ivarsson, frälseman
† ca 1564
Edeby, Ripsa sn, Sdml
g. 1562 m. Anna Jöransdotter (Gyllenstierna) † 1582
Barn:
Karin Månsdotter († 1604; g. 1582 m. ståthållaren i Östergötland Arvid Gustavsson
    (Stenbock), levde 1609; Boxholm, Ekeby sn, Ögl; Edeby, Ripsa sn, Sdml)

Tab. 10
Per Ivarsson, väpnare
† 1505 eller 1506
Holm, Stora Tuna sn, Dalarna
g. m. Karin Persdotter (svärd), levde ännu 1525